QUESTIONS

ET

EXCEPTIONS PRÉJUDICIELLES

EN MATIÈRE CRIMINELLE

OU

DE LA COMPÉTENCE ET DE L'AUTORITÉ DES DÉCISIONS

DU JUGE RÉPRESSIF

SUR LES

QUESTIONS DE DROIT CIVIL

QUE L'ACTION PUBLIQUE SOULÈVE

PAR

A. BERTAULD

Bâtonnier de l'ordre des avocats à la Cour impériale de Caen,
Professeur à la Faculté de Droit.

<hr>

PARIS, AUGUSTE DURAND, LIBRAIRE,
Rue des Grès-Sorbonne, 5.

CAEN, LE GOST-CLÉRISSE, LIBRAIRE,
Rue Ecuyère, 36.

1856

QUESTIONS

ET

EXCEPTIONS PRÉJUDICIELLES.

QUESTIONS

ET

EXCEPTIONS PRÉJUDICIELLES

EN MATIÈRE CRIMINELLE

OU

DE LA COMPÉTENCE ET DE L'AUTORITÉ DES DÉCISIONS

DU JUGE RÉPRESSIF

SUR LES

QUESTIONS DE DROIT CIVIL

QUE L'ACTION PUBLIQUE SOULÈVE

PAR

A. BERTAULD

Bâtonnier de l'ordre des avocats à la Cour impériale de Caen,
Professeur à la Faculté de Droit.

PARIS, AUGUSTE DURAND, LIBRAIRE,
Rue des Grès-Sorbonne, 5.

CAEN, LE GOST-CLÉRISSE, LIBRAIRE,
Rue Écuyère, 36.

1856

CAEN, IMPRIMERIE B. DE LAPORTE
Rue Saint-Étienne, 120.

OBSERVATIONS PRÉLIMINAIRES.

QUESTIONS ET EXCEPTIONS PRÉJUDICIELLES.

Limitation du sujet.—Sources.

Je me propose d'examiner le point de savoir si les juridictions répressives sont incompétentes, *ratione materiæ*, pour résoudre, accessoirement à l'action publique, et dans le but de la purger, les questions de droit civil que cette action soulève, qu'il s'agisse de questions d'état, de questions de propriété mobilière ou immobilière, de questions d'existence de contrat. J'ai donc à étudier les *questions*, les *exceptions préjudicielles*.

Dans la langue du droit, les expressions : *question préjudicielle, exception préjudicielle*, sont loin d'avoir un sens précis, une acception nettement limitée.

Tous les jours, dans les meilleurs livres, elles sont employées pour traduire des idées très-diverses entre lesquelles on crée ainsi des affinités apparentes, des ressemblances nominales. L'identité de l'appellation, parce que les mots ne peuvent guère ne point exercer d'empire, finit par produire de la confusion, et empêche de tenir compte de différences essentielles, radicales, qui excluent l'application des mêmes règles ; par suite, les difficultés incontestables des matières s'accroissent de toutes les difficultés que suscite un mauvais vocabulaire scientifique.

Les mots *question préjudicielle* sont assez larges, assez compréhensifs pour s'appliquer, sans qu'on leur fasse trop de violence, aux questions très-différentes de nature qu'ils servent à désigner ; ils n'ont que le tort d'être trop vagues et de masquer, sous l'unité de l'expression, la variété et la dissemblance des choses ; mais, après tout, ces mots n'emportent que l'idée de questions qui priment et dominent d'autres questions, et qui doivent avant tout être jugées.

Quant aux mots *exception préjudicielle*, ils manquent, le plus souvent, de justesse et de propriété, et l'emploi qu'on en fait est fort abusif.

Tantôt les mots *exception préjudicielle* désignent la fin de non-recevoir qui empêche de saisir les juridictions répressives de l'action publique et accessoirement de l'action privée, tant que certaines questions que la loi réserve à la juridiction civile, questions sur lesquelles la poursuite pénale pourrait réagir, n'ont pas reçu de solution définitive. L'exception préjudicielle est alors une incompétence qui fait obstacle, non-seulement au jugement, mais à l'exercice de l'action criminelle ; c'est

en ce sens que l'on a dit et que l'on a écrit que l'inter-
diction d'intenter l'action criminelle contre un délit de
suppression d'état, avant le jugement définitif sur la
question d'état, constitue une exception préjudicielle.
(Art. 327, Code Napoléon.)

Le mot *exception* est ici singulièrement détourné
et de sa signification historique et de sa signification
pratique : en effet, le prévenu n'a rien à faire juger
par la juridiction civile ou par une autre juridiction ;
il n'est point chargé de faire décider qu'il n'y a pas
eu suppression d'état ; il lui suffit que cette question
ne soit pas résolue pour être à l'abri, non-seulement
de toute pénalité, mais de toute action répressive ;
il n'a pas de défense à entreprendre, de moyens à
justifier ; on ne peut lui appliquer le brocard : *Reus
excipiendo fit actor*. Il n'a qu'à dire : « L'infraction
que vous me reprochez implique une suppression
d'état, et, partant, la poursuite pourrait masquer une
réclamation d'état dont la connaissance appartient à
la juridiction civile ; j'attends mes accusateurs devant
cette dernière juridiction. »

L'art. 327 du Code Napoléon est une dérogation aux
principes de l'indépendance de l'action publique ; c'est
la priorité d'une juridiction, bien plutôt que la priorité
d'une question, qu'il impose. Cet article domine-t-il
le point fort ardu de savoir si les juridictions répressives, compétemment saisies de l'action publique,
peuvent *de plano* résoudre des questions de droit
civil, pour vérifier l'existence de tous les éléments
constitutifs des infractions qui leur sont déférées, ou

même pour reconnaître l'existence de conditions distinctes de l'infraction et ne la constituant pas, mais
sans lesquelles cependant l'application de la pénalité
n'est pas possible ? Oui, s'il a pour fondement l'insuffisance de garanties dans les juridictions répressives; non, s'il ne s'applique pas à toutes les questions d'état ; non, s'il ne s'applique pas même à toutes
les questions de filiation, mais seulement à certaines
questions de filiation légitime. J'indique la question
dont la discussion occupera une grande place dans ce
travail.

Tantôt les mots *exception préjudicielle* indiquent
une difficulté de la compétence de l'autorité administrative, qui empêche provisoirement une juridiction
répressive de statuer sur l'infraction dont elle est
compétemment saisie, parce que la solution de cette
difficulté est un préalable indispensable ; un sursis est
prononcé par le juge criminel jusqu'au jugement de
la question préalable à soumettre au juge administratif; ainsi, par exemple, en cas de prévention pour
travaux confortatifs, exécutés sans autorisation, à des
bâtiments bordant la voie publique, si le caractère
confortatif des travaux est l'objet d'une contestation
sérieuse et de nature à provoquer le doute, c'est à
l'autorité administrative qu'il appartient d'apprécier
et de qualifier les travaux.

De même quand l'existence d'un délit est subordonnée à l'interprétation d'un acte administratif dont
le sens est équivoque, le juge répressif doit surseoir.
Il peut appliquer l'acte, quand cet acte est clair; mais

il n'a pas le droit de l'interpréter ; ce droit est réservé à l'administration.

Il n'y a pas encore là d'exception dans le sens véritable du mot ; le prévenu n'est pas grevé du fardeau d'une preuve à faire ; il n'est pas sous le coup de la maxime : *Reus excipiendo fit actor;* on ne saurait même l'astreindre à rapporter, dans un délai déterminé, la solution administrative à laquelle est soumis le sort de la prévention. Que l'administration ait à prendre une décision sur le caractère d'une chose ou à rendre un véritable jugement sur un droit, l'obtention de cette décision ou de ce jugement ne saurait être imposée au prévenu ; n'est-ce pas au poursuivant qu'il incombe d'établir l'existence de toutes les conditions qui appellent une condamnation ? (*Contrà*, Cassation, 11 août 1842 ; Devil. et Car. 1842-1-827.)

Cette nécessité de recourir à l'autorité administrative, pour qu'une prévention puisse être purgée par le juge répressif, est encore absolument étrangère au point de savoir si ce juge peut, accessoirement à l'action publique et dans les limites des exigences de l'appréciation de cette action, résoudre des questions qui, normalement, seraient de la compétence de la juridiction civile. En effet, le grand principe de la séparation du pouvoir judiciaire et du pouvoir administratif domine les juridictions criminelles comme les autres juridictions investies de l'autorité judiciaire. Les juridictions criminelles ne peuvent, pas plus que les autres juridictions, empiéter sur le domaine de l'autorité administrative ; elles ne revendiquent et n'ont jamais revendiqué, et encore en tant qu'elle est nécessaire pour le jugement de l'action publique, que la compétence qui appartient aux juridictions de droit commun et aux juridictions d'exception chargées de l'application de la loi civile. Les obstacles résultant du principe de la séparation des pouvoirs qui arrêteraient un tribunal civil et le forceraient à surseoir, doivent bien évidemment avoir les mêmes conséquences vis-à-vis du juge répressif ; mais n'est-il pas clair que les *exceptions*, ou, pour parler plus correctement, les *questions préjudicielles* administratives sont sans nulle importance, quand il s'agit de déterminer les limites des pouvoirs du juge criminel sur les questions de droit civil que soulève parfois la poursuite de l'action publique ?

Tantôt les mots *exception préjudicielle* sont appliqués à des difficultés entravant l'exercice de l'action publique, difficultés que des lois spéciales ont expressément enlevées aux juridictions criminelles. Ainsi, aux termes de l'art. 88 de la loi du 5 ventôse an XII, s'il s'élève devant les tribunaux correctionnels, saisis d'une contravention aux lois sur les contributions indirectes, une contestation sur le fond du droit, cette contestation doit être renvoyée devant les tribunaux de première instance, qui prononcent dans la chambre du conseil, et avec les formalités prescrites pour le jugement des contestations en matière de payement de droits perçus par la régie de l'enregistrement; mais la loi ne dit pas que le prévenu jouera, devant le tribunal civil, le rôle de demandeur; mais elle ne lui impose le fardeau d'aucune preuve, et, sur la question du fond, il sera au moins sur un pied d'égalité avec le poursuivant. — On ne pourra pas encore dire de lui : *Reus excipiendo fit actor*.

La disposition de l'art. 88 de la loi du 5 ventôse an XII, et quelques autres dispositions du même genre, que nous pourrions citer, n'ont guère d'influence sur le point de savoir si, en thèse générale, et dans le silence des textes, le juge répressif peut, accessoirement à l'action publique et pour la purger, trancher des questions de droit civil. Des dispositions spéciales, dues à des motifs spéciaux, n'ont pas une grande valeur, soit comme argument *à contrario*, soit surtout comme argument *à pari*, pour déterminer quel est le droit commun.

Tantôt les mots *exception préjudicielle* sont appliqués, et cela bien plus improprement encore, pour indiquer des fins de non-recevoir péremptoires contre l'action publique, comme, par exemple, la prescription, l'amnistie, la chose jugée. Ces moyens mettent en question, non le point de savoir si l'agent s'est rendu coupable de l'infraction qu'on lui reproche, mais le point de savoir si l'existence de cette infraction peut être encore légalement vérifiée; elles doivent être jugées préalablement au fond, puisqu'elles dispenseront de l'examen du fond si elles sont accueillies ; mais elles doivent être jugées par la juridiction répressive.

Ces moyens de défense d'une nature spéciale peuvent être appelés peut-être du nom d'*exception*, en employant ce mot dans le sens que lui a donné notre pratique française. Sous ce rapport, nous ne demandons pas mieux que d'appeler ces moyens des exceptions *préalables* ; mais il nous répugne de les qualifier d'exceptions *préjudicielles*, parce que ces mots impliquent, à notre sens, dans leur acception la plus ordinaire, l'idée d'un sursis par le juge répressif pour obtenir la solution d'une autre juridiction ; quoi qu'il en soit, nous constatons encore l'emploi de ces expressions qui servent de formule à des idées si diverses.

Ce qui est certain, c'est que les exceptions ou questions préjudicielles de cette catégorie sont en dehors de la discussion de la mesure des pouvoirs des juridictions criminelles sur les questions de droit civil, que l'action publique peut présenter à juger.

Les mots *exception préjudicielle* n'ont même rien de spécial à la langue du droit pénal. Ainsi, un tribunal de commerce est appelé à statuer sur une contestation commerciale ; l'une des parties oppose à l'autre un acte sous seing privé dont l'écriture est méconnue ; une vérification est nécessaire ; cette vérification sera, aux termes de l'art. 427 du Code de procédure civile, renvoyée au tribunal civil ; elle sera à la charge, non de celui qui dénie l'écriture, mais de celui qui se prévaut de l'acte, qu'il soit défendeur ou demandeur. On dit que la question de vérification d'écriture est une *question*, ou même une *exception préjudicielle*. L'art. 427 du Code de procédure civile, comme l'article qui le précède, n'est que l'application du principe que le juge de l'action n'est pas le juge de l'exception, quand il est incompétent, à raison de la matière, pour connaître de cette exception.

J'arrive aux véritables *exceptions préjudicielles*. Ces expressions sont employées pour indiquer un moyen de défense, déduit de l'existence d'un droit de propriété, ou de l'existence d'un autre droit réel sur un immeuble, droit qui serait exclusif de l'infraction.

Le prévenu soutient qu'il est investi de ce droit, et il offre de justifier son soutien devant la juridiction civile, sous la protection des garanties qu'elle lui fournit.

Si cette prétention a pour elle l'apparence du titre ou des faits de possession équivalents, le juge répressif renvoie le prévenu à fins civiles, en fixant un bref délai dans lequel celui-ci devra saisir du litige le juge compétent ; c'est ce que décident, en matière forestière et en matière fluviale, l'art. 182 du Code forestier et l'art. 59 de la loi du 15 avril 1829.

Cette fois les expressions *exception préjudicielle* ont pour elles l'autorité de la loi; elles sont dans le texte, et le vocabulaire législatif est sous ce rapport parfaitement exact : le prévenu sera demandeur devant la juridiction civile, il aura une preuve à faire ; il ne lui suffira plus que la question ne soit pas résolue contre lui; il faudra qu'il la fasse résoudre, résoudre à son profit : le prévenu *excipiendo fit actor*.

Les exceptions préjudicielles de cette dernière catégorie sont celles principalement dont l'étude doit nous apprendre si le juge répressif peut, accessoirement à l'action publique et pour la purger, résoudre des questions de droit civil ; si dans cette mesure, c'est-à-dire dans les limites des nécessités de l'application de la loi pénale, il n'a pas tous les pouvoirs des juridictions de droit commun et des juridictions d'exception auxquelles, cessant l'exercice de l'action criminelle, l'application de la loi civile est confiée ; si, en un mot, il constitue une juridiction d'exception, ou si, dans l'intérêt répressif, mais uniquement dans cet intérêt, il n'a pas la plénitude de juridiction dévolue à l'autorité judiciaire.

Ces exceptions sont, je l'ai dit, les véritables exceptions préjudicielles ; ce sont des moyens de défense contre l'action publique, des moyens dont l'existence n'est pas encore établie, mais est suffisamment rendue vraisemblable, pour qu'un délai soit accordé au prévenu qui demande à la faire vérifier et consacrer par la juridiction civile; ce sont les exceptions auxquelles la doctrine donne la qualification *d'exceptions préjudicielles au jugement*. La fin de non-recevoir contre l'action publique, à raison d'une infraction qui suppose une suppression d'état, reçoit la qualification *d'exception préjudicielle à l'action*.

L'exception préjudicielle à l'action et les *exceptions préjudicielles au jugement*, doivent être l'objet de notre examen. Sans doute il est possible que nous ne trouvions pas la négation de la compétence du juge répressif pour statuer, accessoirement à l'action publique, sur les questions de droit civil qui se rattachent à cette action, dans un texte qui décide qu'une certaine action publique ne pourra être mise en mouvement qu'après que le juge civil aura résolu la question de droit civil. Oui; mais à une condition, à la condition de démontrer que l'art. 327 n'est pas la proclamation d'une incompétence *ratione materiæ* du juge répressif, que cet article constitue une disposition spéciale fondée sur des motifs spéciaux étrangers à la mesure des pouvoirs du juge criminel, et n'est point l'expression d'un principe de droit commun.

Notre principale tâche sera donc de rechercher la véritable explication de l'art. 327 du Code Napoléon, et de nettement déterminer les limites de son application; nous aborderons ensuite l'étude des art. 182 du Code forestier et 59 de la loi du 15 avril 1829.

Dans cette étude, l'histoire du droit, dont nous aimons à invoquer le secours, nous servira peu; nos questions sont intimement liées aux lois de compétence, qui sont, dans toute législation, la partie la moins facilement transportable, soit comme règle, soit comme élément d'interprétation, d'un pays à un autre pays, parce que ces lois sont spécialement subordonnées à la constitution, au mécanisme, à la distribution des pouvoirs publics, en un mot à l'économie des institutions, à l'organisation de la société pour laquelle elles ont été faites. Les similitudes ne sont le plus souvent qu'apparentes; les analogies dont on est frappé sont le résultat d'une surprise, l'illusion d'un examen incomplet, d'une vue superficielle ; non-seulement les lois de procédure varient énormément de peuple à peuple; mais, dans le même pays, ces lois subissent de grandes vicissitudes, reçoivent le contre-coup de toutes les révolutions ; par suite de leur dépendance, elles n'ont guère de cohésion, de fixité. Cela est vrai surtout pour la procédure romaine, et si on ajoute que le principal témoignage à consulter se compose de lambeaux de jurisconsultes de tous les âges, lambeaux incomplétement modifiés ou mutilés, qui conservent encore l'empreinte du système détruit dont ils ont été détachés, et ne sont ainsi l'expression vraie d'aucune phase législative, on comprend le danger, pour ne pas dire l'impossibilité, des assimilations.

Enfin, ce qui augmente le péril de la confusion, les chances de méprise, c'est que l'action publique n'était pas applicable à tous les crimes; c'est que l'action individuelle des parties lésées, une action devant le juge civil, constituait l'action répressive de droit commun. (L. 1, ff., *de publicis Judiciis*.)

Quoi qu'il en soit, il serait difficile de méconnaître que notre art. 327 n'a pas de précédent dans le droit romain. Sans doute il y avait contre l'action répressive, confiée à l'initiative de chaque citoyen, des fins de non-recevoir déduites de l'état de l'accusateur : par exemple, la fin de non-recevoir absolue, résultant de sa qualité d'esclave (L. 1, Code, *de Ordine cogna-*

tionum), la fin de non-recevoir relative résultant de la qualité de parent de l'accusé, et on peut examiner le point de savoir à qui appartenait la vérification de ces fins de non-recevoir.

Mais il n'y avait point d'*exceptions préjudicielles à l'action répressive*, déduites de ce que l'appréciation du fond de l'accusation impliquait la solution de certaines questions de droit civil.

Y avait-il des *exceptions préjudicielles au jugement*, imposant au juge répressif, saisi, la nécessité de surseoir jusqu'au jugement définitif d'une autre juridiction?

Cela semble difficile à croire, parce qu'à toutes les époques, depuis l'abolition de la royauté, le pouvoir de répression fut ou l'expression directe de la souveraineté du peuple, qui en usait, soit par lui-même, soit par des délégués, ou au moins sous l'empire, l'expression indirecte de cette souveraineté, réputée transmise à titre universel aux empereurs, qui rendaient eux-mêmes, ou au nom desquels était rendue la justice criminelle.

Le principe d'où découlait le pouvoir de répression, semble impliquer la plénitude de juridiction, une véritable omnipotence judiciaire.

L'examen des textes confirme cet aperçu.

La solution des questions de droit civil pouvait être nécessaire pour vérifier tantôt la qualité de l'accusateur, tantôt le fondement de l'accusation, tantôt la procédure à suivre et le châtiment applicable. Eh bien! dans ces trois hypothèses, des textes décident qu supposent que le juge répressif a compétence pour statuer sur la question de droit civil.

S'agit-il de la qualité de l'accusateur? on peut lire la loi 4, au Code *de Ordine cognitionum.*

S'agit-il du fond même de l'accusation, d'un élément constitutif de l'incrimination, ou au moins incident à l'incrimination? on peut lire la loi 1, au Code *de Officio rectoris provinciæ*, et la loi 1, au Code *de Ordine cognitionum.*

S'agit-il de la procédure et de la peine, soit quant à sa nature, soit quant à sa mesure? on peut lire les lois 3 et 6, au Code *de Ordine cognitionum.*

Mais faut-il conclure de ces textes que le juge répressif ne devait pas d'abord et séparément, suivant les règles et les conditions à elle propres, résoudre la question civile? La loi 8, au Code *ad legem Fabiam de Plagiariis*, semble indiquer le contraire.

Nous serions porté à penser qu'on a eu tort de surcharger et de compliquer l'historique de notre matière de textes qui lui sont étrangers.

L'*exceptio præjudicialis*, en droit romain, était une exception par laquelle le défendeur demandait qu'un procès fût suspendu jusqu'à la décision d'un autre procès intenté ou à intenter; elle avait principalement pour objet, comme nous l'enseigne M. de Savigny[1], d'empêcher qu'une décision, rendue peut-être sans un examen suffisant, sur un point secondaire, n'entraînât

---

[1] *Traité de Droit romain*, t. 6, p. 441, de la traduction de M. Guenoux.

la décision d'un litige beaucoup plus important. Elle pouvait parfaitement n'impliquer qu'une préférence donnée à une juridiction civile sur une autre juridiction civile. Je cite, pour exemple, l'espèce de la loi 16, ff., *de Exceptionibus, Præscriptionibus et Præjudiciis*. Qu'importent, pour la mesure de la compétence du juge répressif, les textes qui parlent de l'*exception préjudicielle* ainsi appliquée ? Au reste, la loi 7, ff., *de hœreditatis Petitione*, semble établir que l'admission de cette exception n'avait rien d'obligatoire pour le juge ; qu'elle dépendait de son pouvoir discrétionnaire.

N'a-t-on point aussi quelquefois confondu deux questions distinctes : la question de savoir si tel ou tel juge avait pouvoir pour apprécier tous les éléments auxquels était subordonnée la solution du litige dont il était saisi, et la question de savoir si cette appréciation d'éléments dont il ne connaissait que par accession, et qu'à titre de moyen de décision, avait une autorité absolue, ou seulement une autorité relative, une autorité restreinte à la contestation qu'il avait fallu vider ? — La première question est une question de compétence ; la seconde question est une question de mesure de la chose jugée. De ce que des liens existent entre ces deux questions, il n'est pas permis de conclure qu'elles soient identiques.

Le précédent, qu'on chercherait vainement dans la législation romaine, pour l'*exception préjudicielle à l'exercice de l'action publique*, le trouve-t-on dans l'ancien droit français? Non! L'art. 327 est une innovation. (Cass., 25 brumaire an XIII.)

Jusqu'au XIIIe siècle, l'action individuelle de la partie lésée n'était-elle pas en général l'unique action répressive?

Jusqu'au milieu du XVe siècle, les mêmes juges ne cumulaient-ils pas le pouvoir de juger les crimes et le pouvoir de statuer sur les relations purement civiles? Les conditions de cette double juridiction n'étaient-elles pas les mêmes? Comment donc, pendant toute cette période, la pensée qui a plus tard dicté l'art. 327 eût-elle pu se produire? — Lorsque la juridiction civile et la juridiction criminelle furent séparées, le principe que la répression était une affaire d'intérêt général et devait être poursuivie d'office, avait pris trop de consistance et de force, pour consentir facilement à se limiter.

Les exceptions *préjudicielles au jugement* furent-elles au moins connues depuis la création des juridictions criminelles, depuis l'institution de la Tournelle au parlement de Paris, depuis l'institution d'un lieutenant-criminel dans chaque bailliage ou dans chaque sénéchaussée? Non, les juridictions criminelles et civiles avaient compétence pour statuer sur le procès dont elles étaient régulièrement saisies, sur le procès tout entier; elles n'étaient pas entravées par la nécessité de scinder la cause qui leur était déférée. Le principe de la séparation des pouvoirs ne semblait exiger qu'une chose, c'est qu'il n'y eût pas de *déguisement*, c'est qu'un procès civil ne changeât pas de juge, parce qu'on lui aurait donné frauduleusement le masque d'une procédure criminelle ; c'est là ce que proclamait en 1724, devant le parlement de Paris, l'avocat général Gilbert des Voisins, dans des conclusions remarquables que Denisart rapporte et que tous nos auteurs modernes ont reproduites. (Denisart, t. 8, p. 23; Achille Morin, v° *Questions préjudicielles*, n° 9. —*Contrà*, Jousse, *Traité de la Justice criminelle*, t. 1er, p. 174.)

Le Code d'instruction criminelle et le Code pénal de 1791, le Code des délits et des peines du 3 brumaire an IV, n'innovèrent pas sous ce rapport.

Ce qu'ont fait les Codes de l'empire, c'est ce que nous avons à rechercher.

En 1813, la Cour de cassation, préoccupée des difficultés des exceptions préjudicielles, s'assembla pour les discuter et elle formula les principes, dont elle s'inspirerait dans ses arrêts. M. le président Barris les recueillit dans une note à laquelle M. Merlin, alors procureur général, adhéra. Ce n'était pas une disposition générale et réglementaire, en violation de l'art. 5 du Code Napoléon. La Cour étudiait des questions ardues, et se créait pour elle-même une théorie dont elle aurait, dans l'avenir, la liberté de s'écarter sur les points où il lui serait démontré qu'elle aurait failli.

(Cette note est imprimée dans le *Traité de l'Action publique* de M. Mangin, t. 1er, p. 578 à 586.)

J'ai, pour m'aider dans l'étude que j'entreprends, des secours doctrinaux dont ma pensée n'est pas

assurément de contester la valeur. Tous les interprètes du Code Napoléon ont, incidemment à l'art. 327,
consacré quelques pages aux *questions et exceptions
préjudicielles;* M. Demolombe et M. Demante, notamment, s'en sont occupés avec un grand soin et
ont jeté sur elles beaucoup de jour; aucun criminaliste ne les a négligées. MM. Mangin, Le Sellyer,
de Molènes, Faustin-Hélie, Achille Morin, se sont li-
vrés à des développements qui témoignent de l'importance qu'ils attachent à cette partie de la science.
M. Merlin, M. Delisle, le savant auteur du *Traité de
l'interprétation juridique,* M. Bonnier, dans son *Traité
des Preuves,* MM. Delamarre et Lepoitvin, dans une
dissertation sur un point spécial, ont aussi apporté un
contingent précieux. Autant que personne, j'apprécie
les travaux de ces jurisconsultes; mais n'ont-ils laissé
rien à faire? Ont-ils épuisé une matière féconde en
difficultés? Je ne l'ai pas pensé, et je me suis décidé à
publier sur un des sujets les plus ardus de mon ensei-
gnement, une étude qui, je l'espère au moins, aura
sa part d'utilité.

CHAPITRE PREMIER.

EXCEPTION PRÉJUDICIELLE A L'EXERCICE DE L'ACTION PUBLIQUE.

Quels sont les crimes et délits qui ne peuvent être déférés
de plano aux juridictions répressives,
parce que les questions d'état qu'ils soulèvent doivent être préalablement
jugées par la juridiction civile?

1. Principe de l'indépendance de l'action publique, son fondement.
2. Exception de l'art. 327 du Code Napoléon.
3. Motif assigné à cette exception.
4. Explication de M. Bigot-Préameneu et de M. Duveyrier.
5. Preuve historique de l'erreur de cette explication.
6. Véritable motif de l'art. 327.
7. Justification historique et rationnelle de ce motif.
8. Quels sont les crimes et les délits compris dans l'exception de l'art. 327?
9. Qu'est-ce que la suppression d'état?
10. La suppression d'état est-elle l'objet d'une incrimination spéciale dans nos lois pénales? *Quid* dans le Code pénal du 25 septembre 1791?
11. Correction malheureuse de la rédaction primitive de l'article 327 du Code Napoléon.

12. Ne faut-il pas distinguer, pour l'application de l'art. 327 du Code Napoléon, entre les crimes et délits qui *empêchent* et les crimes ou délits qui *détruisent* la preuve de l'état civil d'un enfant ?

13. L'infraction prévue par l'art. 347 du Code pénal implique-t-elle toujours une suppression d'état ?

14. Toutes les infractions prévues par l'art. 345 du Code pénal supposent-elles une suppression d'état ?

15. *Quid* notamment de l'enlèvement, du recélé d'enfant et de la supposition d'un enfant à une femme non accouchée ?

16. *Quid* de la suppression d'enfant ?

17. Le crime de suppression d'enfant est-il subordonné à la condition qu'il ait eu pour objet une suppression d'état? —Rejet d'une solution de la *Théorie du Code pénal*.

18. La suppression d'un enfant légitime avant la constatation de son état civil, peut-elle être l'objet d'une poursuite criminelle avant le jugement définitif de la question d'état ?

19. La suppression d'un enfant mort-né tombe-t-elle sous l'application de l'art. 345 du Code pénal ? *Quid* de la suppression d'un enfant né en vie, mais mort au moment où il a été supprimé ?

20. La substitution d'un enfant à un autre implique-t-elle toujours l'existence d'une suppression d'état ?

21. L'exposition d'enfant constitue-t-elle toujours une suppression d'état ?

22. L'exposition d'un enfant légitime dont l'état civil n'a pas été constaté, tombe-t-elle toujours sous l'application de l'art. 345 du Code pénal ? — Rejet d'une solution de MM. Chauveau et Faustin-Hélie.

23. La soustraction, la destruction totale ou partielle des registres de l'état civil contenant les actes de naissance, peuvent-elles être poursuivies avant le jugement définitif qui statue sur l'état compromis par ces crimes ?

24. *Quid* de l'altération *ex post facto* d'un acte de naissance ?
—Controverses entre M. Demolombe et M. Demante.

25. *Quid* si la teneur de l'acte de naissance, présenté comme altéré, était conforme à la possession d'état de l'enfant? —L'art. 322 du Code Napoléon élèverait-il une fin de non-recevoir contre l'inscription de faux ?

26. Le faux, commis dans l'acte de naissance par l'officier de l'état civil qui a dénaturé les déclarations, est-il soumis à l'application de l'art. 327 du Code Napoléon ?—Rejet d'une distinction proposée par M. Demante.

27. Même question.—Objection de l'art. 323.

28. Même question.—Arguments à écarter.

29. *Quid* si l'enfant avait une possession d'état conforme aux constatations de l'officier de l'état civil ? L'art. 322 du Code Napoléon fournirait-il une fin de non-revevoir contre la poursuite ? — Affinités de la question avec une question traitée par M. Demante, par M. Demolombe et par Zachariæ.

30. Les fausses déclarations, faites sciemment au préjudice d'un enfant légitime par les témoins, constituent-elles un crime, et, en cas d'affirmative, est-ce le crime prévu par l'art. 345 du Code pénal, ou le crime prévu par l'art. 147, § 4, du même Code? — Rejet de la solution de la Cour de cassation; appréciation des arguments de MM. Valette, Demolombe et Demante.

31. Continuation de la discussion.

32. Le faux résultant d'une fausse déclaration dans l'acte de naissance d'un enfant protégé par la présomption de légitimité, ne pourra-t-il être jamais poursuivi qu'après décision de la juridiction civile?—Rejet des distinctions proposées par M. Demante.

33. *Quid* si les énonciations, œuvre des déclarants, sont confirmées par la possession d'état ? L'action publique ne sera-t-elle pas repoussée par l'art. 322 du Code Napoléon combiné avec l'art. 327 du même Code ?

---

1. En général, l'action publique est indépendante de l'action civile. Ni l'éventualité, ni même l'exercice de cette dernière action devant les juridictions civiles, ne paralysent une action qui a pour base l'intérêt social. Au contraire, l'exercice de l'action publique suspend l'exercice de l'action civile.

On comprend très-bien que l'action d'intérêt général domine l'action d'intérêt privé. Ce qu'on ne comprendrait pas, c'est que l'action individuelle primât l'action de tous; que le gardien de la loi, le mandataire chargé de l'application de ses sanctions, se vît frappé d'inertie par le sommeil ou même par la mise en mouvement devant les tribunaux civils de droits particuliers : seulement, si le fait, qui engendre tout à la fois et une action pénale et une action civile, ne comporte, en vertu de la loi civile, qu'un mode déterminé de preuve, il ne pourra être prouvé devant la juridiction criminelle que conformément aux conditions de la loi civile.

2. Toutefois, la règle d'après laquelle l'action publique n'est pas subordonnée à l'action civile, mais la domine, reçoit une exception écrite dans les articles 326 et 327 du Code Napoléon.

Art. 326.— « Les tribunaux civils seront seuls « compétents pour statuer sur les réclamations « d'état. »

Art. 327.— « L'action criminelle contre un délit de « suppression d'état, ne pourra commencer qu'après « le jugement définitif sur la question d'état. »

3. Pourquoi cette exception? Est-elle due exclusivement à la crainte d'exciter les spéculateurs, par l'appât d'une preuve testimoniale en dehors des cas où la loi civile l'autorise, à demander dans une famille une place qui ne leur appartiendrait pas, un titre qui serait le résultat d'une odieuse usurpation? Une pareille crainte était chimérique. Effectivement, c'est la nature du fait à prouver, et non la nature de la juridiction devant laquelle la preuve est à faire, qui détermine les conditions d'admission de cette preuve.

4. Sans doute, bien que dénuée de fondement, la préoccupation du danger de preuves testimoniales interdites devant la juridiction civile a laissé son empreinte et dans le discours de l'orateur du Conseil

d'Etat, et dans le discours de l'orateur du Tribunat ; je ne le conteste pas, et il serait difficile vraiment de le contester en face du texte.

« La loi craint tellement de faire dépendre en-
« tièrement les questions d'état de simples témoi-
« gnages, qu'elle impose aux juges le devoir de
« proscrire les moyens indirects que l'on voudrait
« prendre pour y parvenir. Telles seraient les plaintes
« en suppression d'état que l'on porterait aux tribu-
« naux criminels avant qu'il y ait eu, par la voie
« civile, un jugement définitif.

« Toujours de pareilles plaintes ont été rejetées
« comme frauduleuses, et les parties ont été ren-
« voyées devant les juges civils.

« Cette décision est contraire à la règle générale
« qui, considérant la punition des crimes comme le
« plus grand intérêt de l'Etat, suspend les procé-
« dures civiles, quand il y a lieu à la poursuite
« criminelle ; mais lorsqu'il y a un intérêt autre
« que celui de la vengeance publique, intérêt dont
« l'importance fait craindre que l'action criminelle
« n'ait pas été intentée de bonne foi ; lorsque cette
« action est présumée n'avoir pour but que d'éluder
« la règle de droit civil, qui, sur les questions d'état,
« écarte comme très-dangereuse la simple preuve
« par témoins ; lorsque la loi civile, qui rejette cette
« preuve, même pour des intérêts civils, serait en
« opposition avec la loi criminelle qui l'admettrait,
« quoiqu'elle dût avoir pour résultat le déshonneur
« et une peine afflictive, il ne peut rester aucun

« doute sur la nécessité de faire juger les questions
« d'état dans les tribunaux civils, avant que les
« poursuites criminelles puissent être exercées. »
(M. Bigot-Préameneu.)

« J'ai dit qu'un crime, la suppression d'état, était
« souvent l'origine de ces réclamations. Des exemples
« nombreux, surtout dans ces derniers temps, ont
« dénoncé un abus que le caractère criminel du fait
« originaire semblait justifier.

« Privé, devant les tribunaux civils, de la faculté
« dangereuse de se composer une preuve avec des
« témoins, parce qu'il n'avait ni titres, ni possession,
« ni commencement de preuve, le réclamant portait
« le fait originaire, sous la qualification d'un délit,
« devant les tribunaux criminels, et remplaçait ainsi
« une enquête impossible par une information indis-
« pensable.

« C'était une subversion de tout ordre judiciaire et
« un instrument fatal mis à la portée de tout le
« monde, pour ébranler dans leurs fondements les
« familles les plus pures et les plus respectées.

« D'ailleurs, le fait qui donne lieu à la réclama-
« tion, peut sans doute être un fait coupable ; mais
« l'objet de la réclamation est purement civil ; mais la
« partie civile ne peut avoir l'action répressive des
délits.

. . . .
. . . .
. . . .
. . . .

« La réforme de cet abus était désirable ; elle
« était généralement désirée. Ainsi, après avoir
« établi que les tribunaux civils sont seuls compé-
« tents pour statuer sur les réclamations d'état, le
« projet de loi, par une disposition contraire au droit
« commun, mais uniquement applicable à ce cas,
« et évidemment utile, dispose : que l'action crimi-
« nelle contre un délit de suppression d'état, ne pourra
« commencer qu'après le jugement définitif de la
« contestation civile. » (Duveyrier.)

5. Je ne conteste pas même que la préoccupation
du besoin de prévenir des preuves testimoniales contraires à la loi civile, ait eu une large part dans
l'adoption des art. 326 et 327 ; mais je considère que
cette préoccupation toute gratuite n'est pas la seule,
n'est même pas la principale explication de ces articles. En voulez-vous un témoignage décisif ? Voici
le texte primitif des articles qui sont devenus les
art. 326 et 327 :

« L'enfant qui réclame un état, qu'il prétend avoir
« été supprimé, ne peut se pourvoir que par la voie
« civile, même contre les auteurs et les complices
« de cette suppression, sauf au fonctionnaire chargé
« de la poursuite des délits à intenter d'office, s'il
« y a lieu, l'action criminelle. » (Art. 18.)

« L'action criminelle ne peut être admise de la
« part du fonctionnaire public que sur un commen-
« cement de preuve par écrit, et l'examen de cette
« preuve est une question préjudicielle sur laquelle
« il doit être statué préalablement. Le jugement,

« soit préjudiciel, soit sur le fond, ne peut être
« rendu qu'en la présence des parties qui ont des
« droits acquis à l'époque de l'accusation. L'action
« criminelle intentée d'office suspend toute poursuite
« commencée au civil. » (Art. 19.)

« Dans le cas de l'article précédent, le tribunal
« criminel, en jugeant le fond, se borne à prononcer
« en même temps sur l'état de l'enfant, et renvoie,
« s'il y a lieu, les parties intéressées à se pourvoir,
« pour leurs droits civils, devant le tribunal com-
« pétent. » (Art. 20.)

Ainsi, l'action répressive ne devait s'enter sur une preuve testimoniale qu'autant que le ministère public serait armé d'un commencement de preuve écrite. Cette disposition, qu'elle fût considérée comme une exception ou comme l'expression du droit commun, écartait assurément le péril signalé. Pourquoi donc n'a-t-elle pas été accueillie ? C'est que la disposition absolue qui la remplace était motivée par d'autres scrupules, puisait sa raison d'existence dans des considérations plus sérieuses.

6. Les crimes dont le résultat est de supprimer l'état d'enfant légitime, sont bien rares. Quand ils se produisent, ils sont le plus souvent, dans la conviction de ceux qui les commettent, un moyen de faire prévaloir la vérité sur une fiction légale, de prévenir plutôt que de réaliser une conséquence frauduleuse. Le plus souvent, sous une inspiration que, sans doute, je ne légitime pas, et qui, d'ailleurs, peut très-bien avoir sa source dans des soupçons injustes, ces crimes

sont employés comme une arme défensive contre les suites de l'adultère. Bien entendu, il ne s'agit pas de les justifier ou de les absoudre. Je recherche seulement leurs causes les plus habituelles, sans méconnaître qu'accidentellement d'autres causes peuvent leur donner naissance.

7. C'était bien là l'idée exprimée par M. Boulay, au Conseil d'Etat. Je lis dans le procès-verbal de la séance du 7 novembre 1801 :

« M. Boulay croit qu'un mari et une femme ne
« s'accorderont jamais à supprimer l'état de leur
« enfant; *s'ils se le permettaient, ce serait parce que*
« *le mari aurait la conviction qu'il n'est pas le*
« *véritable père ;* d'où il conclut qu'en fait général,
« tous les enfants dont la naissance a été cachée et
« l'état déguisé, sont des enfants adultérins qu'on
« voudrait rendre héritiers d'un père qui n'est pas
« le leur. »

Dans la même séance, M. Régnier faisait observer que Cochin avait regardé la suppression d'état comme impossible. Il pensait qu'il y aurait toujours de l'opposition de la part de l'un des époux. « La suppres-
« sion d'état, ajoute M. Régnier, aura moins lieu
« encore maintenant que les familles ne sont plus
« dirigées par l'orgueil de la naissance et par l'in-
« térêt de favoriser les mâles et les aînés. »

Les crimes qui ont pour objet une suppression d'état, quel que soit leur mobile, sont, sans contredit, très-graves, et, lorsque leur existence est constante, ils appellent une sévère répression. Toutefois, le législateur n'a-t-il pas pû, n'a-t-il pas dû penser que la poursuite publique, pénétrant dans l'intérieur d'une famille pour en scruter les secrets, en découvrir les plaies cachées, aurait plus d'inconvénients que d'avantages, et qu'à tout prendre, l'impunité de quelques crimes d'une nature spéciale, et dont la propagation n'est guère à redouter, était, quand ils demeurent inconnus, moins funeste à la société qu'une répression conquise au prix de cruelles discordes et de révélations scandaleuses ?

« L'intérêt de la société, a dit le tribun Duveyrier,
« en justifiant l'art. 327, dans son discours au Corps
« législatif, est, sans contredit, que les crimes soient
« réprimés, et que les preuves qui conduisent à leur
« répression ne dépérissent pas ; mais un plus grand
« intérêt commande que le repos de la société ne
« soit pas troublé *sous prétexte de l'affermir.* »

M. Portalis avait déjà dit :

« L'inconvénient de laisser un enfant dans l'obscu-
« rité est moins grand que celui d'exposer toutes les
« familles à être troublées. » (Séance du Conseil d'État, du 7 novembre 1801.)

Bien évidemment, la société n'a pas le droit d'imposer silence aux victimes ; qu'elles réclament l'état dont elles ont été déshéritées, c'est là un droit sacré dont aucune considération ne pourrait légitimer l'immolation. Mais comme la réclamation d'état n'emporte, à son point de départ, aucune garantie qu'elle soit fondée, qu'elle suppose que le réclamant n'a pour lui ni les registres de l'état civil, ni la possession d'état, pourquoi la société n'attendrait-elle pas le résultat de l'épreuve tentée ou à tenter devant la juridiction civile? Pourquoi se chargerait-elle du rôle principal, en saisissant la juridiction répressive ? Si les intéressés ne se plaignent pas, si, par leur silence, ils reconnaissent dans une certaine mesure qu'au moins pour le moment, leur action manque de base, pourquoi la société prendrait-elle les devants [1]? Que s'ils se plaignent, leurs plaintes doivent être portées devant la juridiction civile, juge des droits privés ; elles ne pourraient être déférées aux juridictions pénales qu'accessoirement à l'action publique que la prudence sociale tient en suspens.

8. Quels sont les crimes et délits à raison desquels l'action publique ne peut pas précéder l'action civile?

Ce sont les crimes dont la répression aboutirait à la constatation d'une certaine espèce de suppression d'état : à la constatation de *la suppression d'état d'enfant;* j'ajoute : *d'enfant légitime,* si je m'en rapporte à la rubrique du chapitre 2, titre VII, du Code Napoléon.

9. Mais qu'est-ce que la suppression d'état d'un enfant légitime ? Supprimer l'état d'un enfant légitime, ce n'est pas essayer de détruire ou de dénaturer la

---

[1] La suspension de l'action publique, dans notre théorie, n'est bien évidemment pas subordonnée à la condition qu'une réclamation d'état soit *pendante* devant la juridiction civile : l'opinion contraire de M. Merlin et de M. Marcadé est, avec raison, rejetée par tous les auteurs qui ont écrit sur l'art. 327.

preuve de sa filiation, c'est prévenir l'existence de cette preuve ; c'est déshériter l'enfant du bénéfice de la présomption *pater is est quem nuptiæ demonstrant*, attachée au fait qu'il est né d'une femme mariée à l'époque de la conception ; c'est, par exemple, ne pas déclarer sa naissance à l'officier de l'état civil, ou le déclarer sous de faux noms, ou comme né de père et mère inconnus ; c'est placer l'enfant, dès le principe, en dehors de la famille à laquelle il appartient jusqu'à désaveu, puisqu'il appartient au mariage ; c'est, en un mot, empêcher l'enfant d'obtenir le titre écrit et la possession de son état.

10. La suppression d'état d'enfant légitime n'est spécialement l'objet d'aucune incrimination dans nos lois pénales. En était-il ainsi sous l'empire du Code pénal du 25 septembre 1791 ? Non, dit-on, et on cite l'article 32, partie II, titre 1er, section 1re, de ce Code : « Quiconque sera convaincu d'avoir volontairement « *détruit la preuve de l'état civil d'une personne*, « sera puni de douze années de fers. »

Mais s'il est vrai, comme je le crois, que la destruction de la *preuve acquise* de l'état civil d'une personne ne constitue pas la suppression d'état, il faut reconnaître que la loi pénale de 1791, comme le Code de l'empire, n'avait de pénalités que contre les diverses infractions employées comme moyen de supprimer l'état, et ne faisait pas du fait de supprimer l'état une infraction *sui generis*.

11. Sous ce rapport, la rédaction primitive de l'art. 327 était beaucoup plus exacte que la rédaction

qui finalement a prévalu. L'article était, dans l'origine, ainsi conçu : « L'action criminelle contre un « délit qui aurait été commis *dans une suppression* « *d'état*, ne pourra commencer qu'après le jugement « définitif sur la question d'état. » Mais, sur la communication officieuse qui lui fut faite, le Tribunat, dans la séance du 19 vendémiaire an XI, déclara adopter l'article, sauf le retranchement des mots : *qui aurait été commis dans*. On dut alors lire : « L'action criminelle contre un délit de suppression « d'état ne pourra commencer, etc. »

Cette correction n'était pas heureuse, puisque la suppression d'état ne constitue pas une infraction spéciale, et qu'aucun texte du Code pénal ne la punit à ce titre. La suppression d'état est le résultat tantôt d'une espèce d'infraction, tantôt d'une autre espèce d'infraction; c'est l'infraction qui lui sert d'instrument, qui est l'objet de la pénalité, et cette pénalité varie avec le caractère plus ou moins criminel du moyen.

12. La rubrique de la section 6, chapitre 1er, titre II, livre III, du Code pénal, est, à la vérité, ainsi conçue :

« Crimes et délits tendant à *empêcher* ou *détruire* « *la preuve de l'état civil d'un enfant* ou à com« promettre son existence ; — enlèvement de mi« neurs ; — infractions aux lois sur les inhuma« tions. »

Mais d'abord cette rubrique prouve que la section 6 s'occupe d'infractions très-diverses, dont quelques-unes au moins sont absolument étrangères à la suppression d'état et ne peuvent même être des moyens de l'accomplir. En second lieu, la rubrique indique elle-même qu'il y a des *infractions* qui *empêchent* la preuve de l'état civil et des infractions qui *détruisent* cette preuve. Or, ce n'est qu'aux premières infractions que j'attribue l'effet de supprimer l'état.

Il nous faut donc étudier les textes placés sous cette rubrique, pour vérifier dans quels cas l'action publique n'a pas son indépendance.

13. L'art. 346 du Code pénal porte :

« Toute personne qui, ayant assisté à un accouche« ment, n'aura pas fait la déclaration à elle prescrite « par l'art. 56 du Code Napoléon, et dans les délais « fixés par l'art. 55 du même Code, sera punie d'un « emprisonnement de six jours à six mois, et d'une « amende de 16 fr. à 300 fr. »

Le délit prévu par l'art. 346 constitue-t-il toujours le délit de suppression d'état? Non. Supposez, par exemple, que l'enfant qui n'a pas été inscrit sur les registres de l'état civil, ait été élevé dans la famille ; qu'il ait porté le nom de son père ; qu'il ait, en un mot, été traité comme enfant légitime, le délit de l'art. 346 n'en sera pas moins commis, et pourtant l'état de l'enfant n'aura pas été supprimé. L'exposé des motifs prouve cela jusqu'à l'évidence. La pénalité n'a pas été subordonnée à la condition que le défaut de déclaration ait eu pour objet la suppression d'état.

« Le Code Napoléon, pour assurer cet état aux « enfants, exige que les naissances soient déclarées « à l'officier de l'état civil, et désigne les personnes « qu'il charge de faire ces déclarations. Depuis ce

« Code, on a remarqué que, faute d'une loi pénale,
« quelques personnes s'en étaient abstenues. Cette
« conduite est d'autant plus blâmable, qu'elles contre-
« viennent à une loi sage, dont le but est de veiller
« à l'intérêt d'enfants qui ne peuvent pas y veiller
« eux-mêmes; que la tendresse des parents eût dû
« être le garant de l'exécution de la loi ; qu'enfin,
« s'il était possible de croire que le motif de ce délit
« fût l'espoir de soustraire un jour ces mêmes enfants
« aux lois sur la conscription, ils peuvent être assurés
« qu'ils les exposent, au contraire, à être appelés plus
« tôt qu'ils ne le seraient, s'ils étaient en état de pré-
« senter leur acte de naissance. Le Code actuel punit
« ce délit. » (M. Faure, 7 février 1810.)

Incontestablement, le fait que l'époux n'a pas déclaré la naissance de son enfant pourra être poursuivi
de plano par le ministère public, devant la juridiction
criminelle, lorsque l'enfant jouira de son état; la
poursuite, en effet, ne servira pas de masque à une
réclamation d'état.

14. L'art. 345 du Code pénal, dans son paragraphe
premier, prévoit aussi des infractions dont quelques-
unes peuvent avoir, mais n'ont pas toujours pour
résultat une suppression d'état d'enfant légitime.

Je lis cette disposition :

« Les coupables d'enlèvement, de recélé ou de
« suppression d'un enfant, de substitution d'un enfant
« à un autre, ou de supposition d'un enfant à une
« femme qui ne sera pas accouchée, seront punis de
« la réclusion. »

15. Des cinq faits compris dans cette incrimination, il y en a trois, au moins, qui n'ont nécessairement ni pour but, ni pour résultat de supprimer l'état d'un enfant. Un enfant peut être enlevé à sa famille; il peut être recélé, après que toutes les conditions pour constater son état ont été remplies, et sans que l'infracteur ait eu pour objet une suppression d'état. Le crime *d'enlèvement* ou de *recélé* d'enfant pourra donc être déféré *de plano* à la juridiction répressive. (Cass., 1er octobre 1842.—Dev. et Car., 43-1-152.)

Mais une femme accouche loin de son mari; elle meurt pendant la crise de son accouchement; l'enfant, son premier-né, ne semble pas avoir de grandes chances de vie. Le mari a des enfants d'un premier lit. Si l'existence de l'enfant est constatée, quelque courte qu'elle soit, il aura hérité de sa mère, et transmettra l'hérédité à ses frères et sœurs consanguins. (Art. 732 du Code Napoléon.) Les collatéraux de la femme verront passer sa fortune dans une autre famille. Ils profitent de l'absence du père pour enlever l'enfant du second lit, ils le cachent et dissimulent l'accouchement. Ce crime pourra-t-il être déféré *de plano* à la justice répressive ? Non, car sa constatation dispenserait l'enfant enlevé, ou, s'il était mort depuis l'enlèvement, ses héritiers, de la revendication de son état.

La supposition d'un enfant à une femme non accouchée n'implique pas toujours la suppression de l'état d'un enfant : ainsi, la supposition d'un enfant dont la naissance et le décès sont en même temps déclarés, la supposition d'un être imaginaire n'est pas une suppression d'état et cependant constitue l'un des crimes prévus par l'art. 345. Ce crime, dans certains cas, aura des conséquences très-graves ; il servira de base à des actes d'usurpation et de spoliation ; par lui, la condition défaillie d'une donation sera réputée accomplie ; la répression ne sera pas paralysée par l'inaction des intérêts lésés. La preuve testimoniale sera, remarquez-le, devant toute juridiction la seule preuve possible ; on ne la subordonnera pas, sans doute, à l'existence d'un commencement de preuve par écrit d'un fait négatif, du non-accouchement de la femme.

16. Restent deux faits compris dans l'incrimination de l'art. 345 : la suppression d'enfant, et la substitution d'un enfant à un autre.

Ces deux faits impliquent-ils toujours une suppression d'état ?

Je m'occupe d'abord de la suppression d'enfant, sans qu'il y ait infanticide. Supposez qu'un père, après avoir fait inscrire son enfant sur les registres de l'état civil, avec l'indication de sa véritable origine, après l'avoir traité comme enfant légitime, supprime cet enfant et le fasse passer pour mort, par exemple, pour hériter de sa femme, dont il est l'héritier institué en toute propriété, si elle décède sans laisser de postérité. Cette suppression d'enfant constituera-t-elle une suppression d'état ? Non ; la preuve de l'état est acquise ; on aura tenté, sans doute, de dépouiller l'enfant du bénéfice de cette preuve ; mais on n'aura pas empêché son existence, et, partant, la poursuite du ministère public ne pourra pas avoir pour résultat de la suppléer. De quoi s'agira-t-il, soit qu'il y ait action publique, soit qu'il y ait action privée ? De savoir si le bénéficiaire de l'acte de naissance vit encore, et, partant, de vérifier si un individu déterminé est celui auquel s'applique cet acte de naissance. La question sera une question d'identité à débattre devant toutes les juridictions, à l'aide de la preuve testimoniale ; on n'a donc pas à craindre que cette espèce de preuve se fasse accueillir à l'abri de la procédure pénale.

17. Je ne crois pas qu'il faille dire, avec MM. Chauveau et Faustin-Hélie, que la condition *sine quâ non* du crime de suppression d'enfant, est que l'agent se soit proposé pour but une *suppression d'état*. (*Théorie du Code pénal,* t. 4, p. 357 et 358, 3ᵉ édit.) Le crime de suppression d'enfant, prévu par l'art. 345 du Code pénal, peut se réaliser, sans qu'il ait été commis avec l'intention d'opérer une suppression d'état, au moins dans le sens où les mots de *suppression d'état* sont employés par l'art. 327 du Code Napoléon. C'est ce que la Cour de cassation a souvent jugé, et ce que M. Faustin-Hélie, dans son savant *Traité de l'Instruction criminelle,* a plus tard reconnu. (Voir Cassat., 8 avril 1826 et 4 août 1842 ; Sir., 27-1-10, et Devil. et Car., 42-1-778. — *Inst. crim.,* t. 3, p. 239 et 240.)

18. Que si, au contraire, la suppression d'un enfant légitime a lieu avant la constatation de son état, la

suppression de la personne empêche l'acquisition de la preuve de l'état. La poursuite qui établirait la suppression de là personne suppléerait une revendication d'état; elle ne peut être déférée à la juridiction criminelle, si la juridiction civile n'a préalablement admis la revendication qui ne peut s'appuyer sur une preuve orale qu'à la condition d'avoir un commencement de preuve par écrit.

Remarquez que la suppression d'enfant est l'objet unique, l'élément constitutif et substantiel de l'incrimination : la suppression d'état, dans le sens de l'art. 327 du Code Napoléon, est ou n'est pas la conséquence possible du crime; c'est là une circonstance accidentelle.

19. Le crime de suppression d'enfant suppose que l'enfant n'est pas *mort-né* [1]; mais il ne suppose nullement que l'enfant vécût encore au moment où il a été supprimé; il suffit, en effet, que l'enfant ait eu vie, qu'il ait pu être un sujet de droits, pour qu'il soit considéré comme un être juridique dont la trace ne devait pas être dissimulée à la société. On conçoit très-bien même que la suppression d'état ait pu être

---

[1] Cassat., 1er août 1836; 4 juillet 1840. — Cassat., 26 juillet 1849.—Devill. et Car., 1836-1-545.— 1840-1-796.— *Bulletin criminel*, 49, n° 180.—M. Nypels, dans l'édition belge de la *Théorie du Code pénal*, qu'il a enrichie d'excellentes notes, cite à tort, t. 2, p. 261, M. Rauter comme étant d'opinion contraire. M. Rauter, en effet, dit seulement qu'il n'est pas nécessaire que l'enfant, dont l'état a été supprimé, fût vivant *au moment du crime.*

l'objet et le résultat de la suppression d'un enfant né vivant, mais assez promptement décédé pour inspirer la pensée et donner l'espérance de cacher à tous la place qu'il a occupée et les droits qui y ont été attachés [1].

20. La substitution d'un enfant à un autre semble toujours, à première vue, impliquer une suppression d'état ; mais d'abord elle ne suppose pas, au moins nécessairement, la suppression d'un enfant légitime : ainsi, un enfant naturel est substitué à un enfant naturel. La substitution même d'un enfant légitime à un autre enfant légitime n'implique pas de suppression d'état, si la preuve écrite que les deux enfants sont nés d'une femme mariée à l'époque de leur conception, est inscrite sur les registres de l'état civil. En effet, la question entre les deux enfants, comme entre la société et les auteurs de la substitution, sera une pure question d'identité à éclairer devant toutes les juridictions, par une enquête dont la recevabilité sera toujours indépendante d'un commencement de preuve par écrit. Ce n'est qu'à défaut de titre que l'art. 327 subordonne l'admission de la preuve testimoniale à certaines conditions. Or, ici il y a des titres établissant la maternité des femmes mariées, et c'est justement le fait de cette maternité qui ne peut être prouvé par témoins sans commen-

---

[1] Cassat., 21 février 1835 ; Dalloz, 35-1-129. — Cassat., 21 septembre 1838 ; Devil. et Car., 38-1-909. — Rauter, t. 2, p. 78, n° 481.

cement de preuve par écrit. La loi civile ne fait donc pas obstacle à l'enquête. Pourquoi donc l'action du ministère public serait-elle paralysée?

Mais la substitution d'un enfant légitime à un autre enfant légitime supposera une double ou une seule suppression d'état, si la naissance des deux enfants, ou au moins de l'un d'eux, n'a pas été régulièrement déclarée. L'art. 327 du Code Napoléon devra recevoir son application ; la preuve du crime dispenserait d'une revendication d'état astreinte à une justification autre que celle résultant d'une preuve testimoniale.

21. Les art. 347 à 353 prévoient le délit et le crime d'exposition d'enfant. L'exposition d'enfant, dont s'occupent ces articles, ne suppose pas nécessairement une suppression d'état. Dans la séance du Conseil d'Etat, du 29 fructidor an X, M. Jollivet exprima la crainte qu'on voulût appliquer l'art. 327 du Code Napoléon à ce cas. M. Treilhard répondit que cette espèce n'était point celle de l'article ; que cet article suppose une question d'état, qui n'est point nécessairement liée avec l'exposition d'enfant ; cette exposition est toujours un crime que la justice doit punir. (Faustin-Hélie, *Inst. crim.*, t. 3, p. 238.—*Théorie du Code pénal*, t. 4, p. 378.)

Toutefois, si l'exposition n'avait pas été précédée d'une déclaration de naissance, et que l'enfant exposé fût un enfant légitime, il pourrait y avoir suppression d'état.

22. Faut-il conclure de là, avec MM. Chauveau

et Faustin-Hélie, que l'art. 345 du Code pénal deviendrait applicable? Non. En effet, la suppression d'état n'est pas punie, *à ce titre*, par l'art. 345; elle n'est l'objet, comme je l'ai dit, d'aucune incrimination spéciale. L'art. 345 ne pourrait être appliqué qu'autant que l'exposition réunirait tous les caractères de la suppression d'enfant sans infanticide. Mais l'art. 327 enchaînera l'initiative du ministère public; le *civil* tiendra le *criminel* en état.

23. L'art. 46 du Code Napoléon prévoit un cas dans lequel la preuve de la filiation semble pouvoir se faire par témoins : c'est le cas d'absence de registres de l'état civil, soit qu'ils n'aient pas été tenus, soit qu'ils aient été perdus.

« Lorsqu'il n'aura pas existé de registres ou qu'ils « seront perdus, la preuve en sera reçue, tant par « titres que par témoins, et, dans ces cas, les ma- « riages, naissances et décès pourront être prouvés, « tant par les registres et papiers émanés des père « et mère décédés, que par témoins. »

La perte totale ou partielle des registres peut provenir de crimes, de la soustraction, de l'enlèvement, de la destruction de registres et actes contenus dans des archives, greffes ou dépôts publics; crimes contre lesquels les art. 253, 254 et 255 du Code pénal édictent, suivant les cas, les travaux forcés à temps ou la réclusion. Les crimes dont il s'agit peuvent priver certains enfants de la seule preuve qu'ils aient de leur état, à savoir de leur acte de naissance. Est-ce à dire que là où il y aurait eu destruction des registres de l'état civil, elle ne pourra être poursuivie qu'après que toutes les questions d'état qu'elle est de nature à susciter auront été jugées par la juridiction civile? La négative a pour nous le caractère de l'évidence. Une solution affirmative, ce serait l'impunité assurée, véritablement garantie. Jamais, en effet, on ne pourrait avoir la certitude que tous les intérêts engagés, compromis par ce crime, ont été réglés. Mais je suppose que la destruction, au lieu de porter sur une grande quantité d'actes, n'ait porté que sur un seul feuillet, sur un seul acte? C'est, par exemple, un enfant, si vous le voulez, sans possession d'état, qui soutient qu'il a été inscrit tel jour, comme né de tel mariage. Il articule que cet acte, qui constatait sa filiation légitime, a été détruit, et, en effet, à la date qu'il indique un acte a été enlevé. Il désigne l'auteur du fait, rend vraisemblable l'intérêt qui l'explique; la juridiction criminelle devra-t-elle nécessairement attendre que la juridiction civile ait statué? Sans doute, ici il y aurait plus de chance que l'intérêt lésé obtînt satisfaction et rendît ainsi à l'action répressive son indépendance. Toutefois, si l'art. 327 est inapplicable à la première hypothèse, il est également inapplicable à la seconde, et cela par une raison commune : c'est que ce crime, quelle que soit l'étendue de son résultat, n'a pas pour conséquence des suppressions d'état ; il détruit des preuves acquises de l'état des personnes, et la destruction d'une preuve écrite acquise, est devant toutes les juridictions, juridictions civiles et juridictions criminelles, susceptible d'être prouvée par témoins. L'art. 1348, § 4, ne laisse aucun doute sur l'admissibilité de la preuve testimoniale.

« Quel est le but de l'art. 46, a écrit l'éminent « doyen de la Faculté de droit de Caen, M. Demo- « lombe ?—C'est de permettre aux parties de rem- « placer, par une preuve spéciale et exceptionnelle, « la preuve générale et ordinaire que des accidents « fortuits les mettent dans l'impossibilité de repré- « senter ; c'est de faire qu'elles ne soient pas victimes » de ces accidents et de cette impossibilité ; c'est, « enfin, par ce remède, de les replacer au même état « que si les registres eux-mêmes existaient. En con- « séquence, cette preuve spéciale doit produire le « même effet que la preuve résultant des actes in- « scrits sur les registres ; aussi l'art. 46 déclare-t-il « que les naissances, mariages et décès pourront être « prouvés..... etc. ;

« Or l'acte de naissance inscrit sur les registres de « l'état civil prouve la filiation des enfants légitimes « (art. 319) ; il prouve la filiation naturelle à l'égard « de la mère et aussi à l'égard du père, lorsqu'ils « ont eux-mêmes reconnu l'enfant (art. 62, 334) ;

« Donc on peut, dans l'hypothèse de l'art. 46 et « par le moyen spécial qu'il autorise, établir la preuve « d'une filiation légitime ou d'une reconnaissance « d'enfant naturel par sa mère ou même par son « père. »

Le profond jurisconsulte démontre très-bien que cette situation est étrangère à la situation prévue par

l'art. 323. — Il n'examine pas la question de compétence ; mais ne la résout-il pas implicitement, en sup-
posant même que l'art. 327 ne soit que la sanction
exceptionnelle de l'art. 323 ?

24. Ce que je dis de la lacération d'un acte de naissance, je le dis de son altération, *ex post facto ;* cette
altération peut toujours être poursuivie *de plano,*
avec ou sans constitution de partie civile, devant la
juridiction criminelle, parce qu'elle implique, non une
suppression d'état, mais la suppression de la *preuve
acquise* d'un certain état, ce qui est tout différent.
Qu'il y ait ou qu'il n'y ait pas possession de l'état
dont le titre a été altéré, le fait de l'altération est un
fait de force majeure dont personne n'a été en demeure de se procurer la preuve écrite [1]. M. Demante,
dont la théorie est, malgré de nombreuses dissidences,
celle qui se rapproche le plus de la nôtre, arrive sur
ces deux points à notre conclusion :

« Quand il s'agira du fait matériel soit d'alté-
« ration d'actes, soit de destruction ou d'enlève-
« ment de registres, faits susceptibles d'être démon-
« trés, sans qu'on ait même besoin de savoir à
« quelles personnes s'appliquaient les actes altérés
« ou détruits, je ne vois pas pourquoi l'action du mi-
« nistère public serait arrêtée, et je crois qu'elle ne
« le serait pas. Seulement, il est bien entendu que
« l'information ne devrait porter alors que sur le fait

---

[1] *Contrà,* M. Demolombe, t. 5, n° 274. — Cassat., 3 mars
1813 ; Sir., 13-1-239.

« matériel, et qu'on devrait en écarter tout ce qui
« tendrait à établir la relation du fait punissable avec
« l'acte de naissance d'une personne désignée. »
(*Cours analytique du Code Napoléon*, t. 2, p. 97; voir
aussi M. Bonnier, *des Preuves*, nº 185.)

25. Si la poursuite criminelle pour altération *ex
post facto* de l'acte de naissance n'est pas interdite
par l'art. 327 du Code Napoléon, n'est-elle pas au
moins proscrite par l'art. 322 du même Code, lorsque
la possession d'état est conforme à la teneur actuelle
de l'acte ? Non. En effet, la constatation de l'altération
n'impliquera nullement que la possession d'état est ou
n'est pas le résultat d'une usurpation ; elle ne pourra
dissimuler une réclamation d'état ; elle ne tendra qu'à
la répression d'un fait qui serait illicite alors même
qu'il aurait eu pour but le rétablissement de la vérité. Il importe à l'intérêt public qu'on ne puisse
créer, par un faux, une fin de non-recevoir invincible
soit contre la réclamation d'état, soit contre la contestation d'état.

Art. 322.— « Nul ne peut réclamer un état con-
« traire à celui que lui donnent son titre de nais-
« sance et la possession conforme à ce titre ;

« Et réciproquement, nul ne peut contester l'état
« de celui qui a une possession conforme à son titre
« de naissance. » (C. 196, 319, 321.)

M. Demante examine une question très-voisine de la
nôtre, le point de savoir si, pour écarter la fin de non-
recevoir de l'art. 322, la voie de l'inscription de faux
incident est ouverte dans le but d'établir que, si l'acte

de naissance est conforme à la possession d'état, cette conformité ne provient que d'une altération commise après coup, et il adopte sur ce point l'affirmative. (T. 2, p. 86 et 87).

M. Valette et M. Demolombe avaient déjà exprimé la même opinion. (*Sur Proudhon*, t. 1er, p. 86. — *Cours de Code Napoléon*, t. 5, n° 225.)

26. Je suppose que le faux a été commis dès l'origine dans l'acte de naissance. L'enfant a été présenté comme enfant légitime, sa véritable filiation a été indiquée. L'officier de l'état civil a dénaturé la déclaration. Il a inscrit l'enfant comme né d'un autre père et d'une autre mère, mais comme né de gens mariés. Ce faux sera-t-il protégé par l'art. 327 ?

Non, dit M. Demante, si l'enfant a la possession de l'état que les déclarations passées dans les termes des art. 56 et 57 du Code Napoléon semblaient devoir lui assurer. En effet, il ne pourrait, dit ce jurisconsulte, y avoir lieu à réclamation d'état de la part de l'enfant; et le but unique est de prévenir tout préjugé sur une réclamation d'état. — Mais, suivant M. Demante, l'art. 327 serait applicable, si l'enfant n'avait pas une possession d'état conforme aux déclarations dont un crime aurait empêché la constatation. Je ne saurais admettre cette distinction. — La raison donnée par M. Demante pour écarter l'art. 327 dans le cas où l'enfant a une possession d'état conforme aux affirmations des déclarants, affirmations non reproduites par l'acte de naissance, est tout-à-fait fautive. — Ce n'est, en effet, d'après l'art. 320 du

Code Napoléon, qu'*à défaut de titre* que la possession d'état d'enfant légitime prouve la filiation ; quand la possession d'état et l'acte de naissance sont en désaccord, qu'ils n'attribuent pas la même filiation légitime, c'est l'acte de naissance qui prévaut. (Voir Merlin, *Questions de Droit*, 4ᵉ édit. vⁱˢ *Question d'état*, § 1ᵉʳ, p. 552.—Mourlon, t. 1ᵉʳ, p. 451.)

Attaquer l'acte de naissance qui donne à l'enfant un père et une mère légitimes autres que ceux qu'il est en possession de reconnaître pour tels, c'est incontestablement tenter d'exercer de l'influence sur la preuve de son état ; c'est vouloir remplacer à son profit, ou contre lui, une preuve par une autre preuve.

Je ne rejette cependant pas la solution de M. Demante ; je l'étends au contraire ; je l'adopte pour le cas même où l'enfant n'a pas de possession d'état : l'enfant est, par exemple, mort presque immédiatement, ou ses père et mère sont eux-mêmes décédés avant qu'une possession caractérisée ait pu s'acquérir, ou bien encore la famille est complice, et elle n'a laissé déclarer la filiation véritable qu'avec la certitude que cette déclaration ne serait pas recueillie. Ce faux ne pourra-t-il être poursuivi qu'autant que l'état de l'enfant aurait été constaté par la juridiction civile ? Je résous négativement cette question. Il semble qu'on peut dire que le Code pénal, dans la section 6, chap. 1ᵉʳ, tit. 2, du livre III, sous la rubrique *des crimes et délits tendant à empêcher ou à détruire la preuve de l'état civil d'un enfant ou à compromettre son existence*, ne mentionne pas le faux ; mais cette observation est sans valeur. Il ne faut pas oublier que la suppression d'état n'est l'objet d'aucune incrimination spéciale ; que tous les crimes et délits prévus dans la section VI, ch, Iᵉʳ, du livre III du Code pénal ne constituent pas nécessairement des suppressions d'état, qu'ils ont une criminalité indépendante de la preuve |de l'état *empêchée, détruite ou compromise;* la solution n'est pas là.

L'officier de l'état civil a-t-il *empêché* ou a-t-il seulement *altéré*, ou même *détruit* la preuve, dont la loi a eu pour but de garantir l'acquisition ? S'il n'a fait qu'altérer, que détruire la preuve de l'état, il n'a pas, suivant moi, *supprimé* l'état dans le sens de l'art. 327. Or la preuve de l'état d'enfant légitime a été faite du moment où les personnes auxquelles la loi en conférait la mission officielle, ont déclaré la naissance et l'ont attribuée au mariage auquel elle appartenait. Le faux qui a dénaturé cette preuve pourrait être établi au civil, par une preuve testimoniale, sans commencement de preuve par écrit, puisque ce fait était exclusif d'une preuve écrite.

27. Vainement objecterait-on que cette solution heurte violemment l'art. 323 du Code Napoléon :

« A défaut de titre et de possession constante, ou
« si l'enfant a été inscrit soit *sous de faux noms,*
« soit comme né de père et mère inconnus, la preuve
« de la filiation peut se faire par témoins.

« Néanmoins cette preuve ne peut être admise que
« lorsqu'il y a commencement de preuve par écrit,
« ou lorsque des présomptions ou indices, résultant de

« faits dès lors constants, sont assez graves pour
« déterminer l'admission. »

Notre hypothèse semble à la vérité rentrer dans
l'une des hypothèses prévues par l'art. 323 ; il s'agit
d'un enfant inscrit sous de faux noms.

Mais la loi, en parlant d'un enfant inscrit sous de
faux noms, a voulu parler d'un enfant présenté sous
de faux noms et inscrit sous ces faux noms, conformément aux indications passées par les déclarants.
La loi n'a pas prévu le cas où cette inscription, sous
de faux noms, serait le résultat de l'altération des
déclarations : il serait difficile de le méconnaître,
quand l'inscription sous de faux noms provient d'une
altération matérielle *ex post facto*. Pourquoi la solution
ne serait-elle pas la même, lorsque l'altération est
contemporaine de la déclaration, lorsqu'elle vicie la
rédaction primitive et provient d'un faux intellectuel ?

Qu'on n'objecte pas que la poursuite criminelle,
pour constater l'altération des déclarations, sera dans
la nécessité d'établir leur teneur, et qu'elle procurera
ainsi un titre de filiation légitime. J'ai déjà dit que les
art. 326 et 327 ne sont pas l'expression de la préoccupation des dangers d'une preuve testimoniale, dont
la recevabilité est indépendante de la nature de la
juridiction saisie, ni l'expression d'une foi plus grande
dans la justice civile que dans la juridiction répressive. Ces articles ne sont que le témoignage de cette
pensée : qu'il y a des faits punissables, dont l'impunité,
à tout prendre, est moins préjudiciable au bon ordre
que la révélation sociale. La société subit cette révé-

lation lorsqu'elle est l'œuvre et le moyen de défense des droits privés ; elle ne la provoque, elle ne l'encourage point ; elle abandonne les droits privés à leur propre impulsion, à leurs règles. Eh bien ! alors, n'est-il pas évident que c'est aux juridictions civiles qu'il appartient de statuer sur des réclamations dictées par un intérêt civil ? Mais le faux commis *ex post facto* dans l'acte de naissance, et le faux même commis dans la rédaction primitive par l'officier public, la société a toujours intérêt à leur constatation. Ils n'ont pas, eux, pour excuse, ou au moins pour explication, la pensée ou le soupçon que l'enfant qui appartient au mariage n'appartient pas au mari ; ils sont autre chose qu'un démenti indirect donné à la présomption : *pater is est quem nuptiæ demonstrant*.

28. Les art. 239, 240, 250 du Code de procédure civile, et l'art. 460 du Code d'instruction criminelle ne semblent-ils pas imposer cette solution ?

239.— « S'il résulte, de la procédure, des indices
« de faux ou de falsification, et que les auteurs ou
« complices soient vivants, et la poursuite du crime
« non éteinte par la prescription, d'après les dispo-
« sitions du Code pénal, le président délivrera mandat
« d'amener contre les prévenus, et remplira, à cet
« égard, les fonctions d'officier de police judiciaire. »

240.—« Dans le cas de l'article précédent, il sera
« sursis à statuer sur le civil, jusqu'après le jugement
« sur le faux. »

250.—« Le demandeur en faux pourra toujours se
« pourvoir, par la voie criminelle, en faux principal ;

« et, dans ce cas, il sera sursis au jugement de la
« cause, à moins que les juges n'estiment que le
« procès puisse être jugé indépendamment de la pièce
« arguée de faux. »

460.—« Si la partie qui a argué de faux la pièce,
« soutient que celui qui l'a produite est l'auteur ou
« le complice du faux, ou s'il résulte de la procédure
« que l'auteur ou le complice du faux soit vivant, et
« la poursuite du crime non éteinte par la prescrip-
« tion, l'accusation sera suivie criminellement dans
« les formes ci-dessus prescrites.

« Si le procès est engagé au civil, il sera sursis au
« jugement jusqu'à ce qu'il ait été prononcé sur le
« faux.

« S'il s'agit de crimes, délits ou contraventions, la
« Cour ou le Tribunal saisi est tenu de décider préala-
« blement, et, après avoir entendu l'officier chargé
« du ministère public, s'il y a lieu ou non, à sur-
« seoir [1]. »

Ces articles ne font pas de distinction. Toutefois,
je crois qu'il ne faut leur emprunter aucun argument
parce qu'ils prouveraient trop, comme je vais l'établir.
Ils ne sont peut-être que l'application de l'art. 3 du
Code d'instruction criminelle, c'est-à-dire du principe
que le *criminel tient le civil en état* : or justement
l'art. 327 du Code Napoléon fait exception à ce principe et en est la contre-partie.

La solution que j'adopte, n'a pas besoin de l'appui

---

[1] Voir aussi art. 451, Code inst. crim.

de ces textes. La distinction entre la *destruction de la preuve de l'état* et la *suppression d'état*, voilà le véritable motif de décision.

29. Cette solution ne devrait pas, à mon sens, être abandonnée, dans l'hypothèse même où l'acte de naissance serait conforme à la possession d'état; il s'agirait, en effet, non de contredire cette possession, non même de vérifier la sincérité des déclarations, mais uniquement de savoir si ces déclarations ont été fidèlement reproduites. M. Demante a sur ce point, comme sur le point précédent, soulevé une difficulté voisine ; il se demande si la voie de l'inscription de faux au civil, peut être prise dans cette hypothèse pour écarter la fin de non-recevoir de l'art. 322 du Code Napoléon, et il professe la négative ; mais, d'une part, la non-recevabilité d'une inscription de faux au civil, n'implique pas nécessairement la non-recevabilité d'une poursuite criminelle de faux ; d'autre part, la distinction faite par le savant auteur entre le cas où la possession d'état est conforme à l'acte de naissance, tel qu'il a été primitivement dressé, et le cas où cette possession est seulement conforme à la teneur qu'on prétend résulter de changements apportés à cet acte, est-elle bien justifiée? (Voir M. Demante, t. 2, p. 86 et 87).

Zachariæ et ses annotateurs, et aussi M. Demolombe semblent, à la vérité, professer le système que développe M. Demante; mais ces savants jurisconsultes, en parlant de l'*inscription sous de faux noms*, n'ont-ils pas employé ces mots dans le sens que la loi, suivant moi, leur attribue, c'est-à-dire en n'examinant que l'hypothèse où l'inscription sous de faux noms est le fait, non de l'officier public, mais de ceux qui ont déclaré la naissance ? Ainsi limitée, cette doctrine serait, comme j'essaierai de le démontrer plus loin, à l'abri de toute objection. (Zachariæ, t. 3, p. 665, et, à cette page, note 17. — *Cours de Code Napoléon*, t. 5, n° 226.)

30. J'ai dit que, dans mon opinion, les art. 239, 240, 250 du Code de procédure civile et 460 du Code d'instruction criminelle ne doivent pas être invoqués pour fixer le vrai sens des art. 326 et 327 du Code Napoléon ; je ne soutiens point, en effet, que le crime de faux ne constitue jamais une suppression d'état dans le sens des art. 326 et 327. Il importe de bien faire comprendre pourquoi ce soutien ne me paraît pas fondé.

La suppression d'état peut résulter de ce qu'il a été déclaré par le mari, ou, à son défaut, par les personnes chargées de l'accouchement, qu'un enfant qui appartenait au mariage, tant qu'il n'était pas désavoué, était né d'une autre femme que la femme réellement accouchée, ou était né de père et mère inconnus. Cette fausse déclaration a empêché l'acquisition de la preuve de la filiation légitime ; elle a privé directement l'enfant de l'appui de la présomption légale de paternité, qui le rattachait au mari de sa mère ; elle a supprimé un état qui préexistait à elle et qu'elle était seulement chargée de constater. Le mandat légal a été trahi ; mais cette fausse déclaration constitue-t-elle une infraction punissable ? Elle ne constitue pas l'infraction prévue par l'art. 346 du Code pénal, qui est la sanction des art. 55 et 56 du Code Napoléon, c'est-à-dire de l'obligation de déclarer la naissance de l'enfant dans les trois jours, et n'est pas la sanction de l'art. 57 du même Code, c'est-à-dire de l'obligation d'indiquer les père et mère. (Cassat., 16 septembre 1843.—Cassat., 1er juin 1844, 1er août 1845, etc.; 43-1-915; 44-1-670; 45-1-840.) La peine de l'art. 346 n'est qu'une peine correctionnelle, parce qu'il ne s'agit peut-être que d'une omission, bien dangereuse sans doute, mais que la loi ne doit pas nécessairement supposer empreinte d'une intention criminelle.

La fausse déclaration, c'est un acte positif, et un acte évidemment dicté par la pensée de faire fraude à la loi : un pareil acte appelle une répression. Est-ce que cette fausse déclaration ne constitue pas une altération du fait que l'acte de naissance, un acte authentique, avait pour objet de constater ? Est-ce que, sous ce rapport, elle ne tombe pas sous le coup du § 4 de l'art. 147 du Code pénal, et n'est pas punie des travaux forcés à temps ? Des arrêts de la Cour de cassation [1] et des jurisconsultes d'une très-grande autorité [2] décident

[1] 12 juin 1823 et 16 mars 1841 ; Sir., 1823-1-394 ; Dev., et Car., 41-1-532.

[2] M. Duvergier, *sur Toullier*, t. 1er, p. 223.—M. Valette, *sur Proudhon*, t. 1er, p. 206 et 207. — M. Marcadé, *sur l'art. 45*, n° 4.—M. Demolombe, t. 1er, n° 320.—M. Demante, t. 2, p. 79. —MM. Ducaurroy, Bonnier et Roustain, t. 1er, p. 72.

que les fausses déclarations peuvent être combattues sans inscription de faux, et que les personnes qui les font sciemment ne peuvent être punies de la peine qui atteint les faussaires [1].

« Les actes de l'état civil, suivant M. Valette, ne « font foi, jusqu'à inscription de faux, que de ce que « l'officier public atteste *de visu et auditu*, c'est-à-« dire des faits dont il rend témoignage comme « s'étant passés devant lui. . . . . .

« Il faut dire que ce qui est attesté par l'officier « de l'état civil, *de visu et auditu*, comme la célé-« bration du mariage, la présentation d'un enfant, « son sexe, sa reconnaissance, etc., sera prouvé jus-« qu'à inscription de faux. Mais si l'officier public n'a « constaté un fait que sur un ouï-dire ; par exemple, « si, dans un acte de naissance, il est déclaré que « l'enfant est né de telle femme, cette circonstance « ne sera pas tenue pour vraie jusqu'à inscription de « faux. Il est sans doute constaté, par la déclaration « de l'officier de l'état civil, que telles personnes sont « venues lui faire une déclaration ; mais cette déclara-« tion est-elle vraie ? C'est ce qu'il lui est impossible de « savoir et de constater. » (M. Valette, *sur Proudhon*, t. 1er, p. 200 et 207.)

M. Demante, t. 2, p. 79, reproduit l'argumentation de M. Valette.

---

[1] *Contrà*, Toullier, t. 1er, n° 865. — Proudhon, t. 2, p. 88. — Duranton, t. 1er, n° 308. — Coin-Delisle, *sur l'art.* 46, n° 4. — Voir aussi arrêt de rejet du 30 avril 1841.

M. Demolombe se rallie à cette doctrine.

« Eriger les déclarants en autant d'officiers pu-
« blics, imprimer à leur déclaration cette foi puis-
« sante que l'inscription de faux puisse seule attaquer,
« c'est dépasser les bornes et s'exposer à beaucoup
« de dangers. » (T. 1ᵉʳ, p. 400.)

Cette objection suppose que le faux, dans un acte
authentique, ne peut être commis que par des officiers
publics, et l'art. 147 prouve péremptoirement que le
faux, en écriture authentique, peut être commis par
des personnes privées. Je prends pour exemple un
faux par supposition de personne : *Primus* se présente
devant un notaire sous le nom de *Secundus ;* le notaire ne connaît pas *Secundus*. Il se fait certifier son
individualité, conformément à l'art. 11 de la loi du
25 ventôse an XI, et reçoit l'acte constitutif d'une
obligation. « Le nom, l'état et la demeure des parties
« devront être connus des notaires, ou leur être at-
« testés dans l'acte par deux citoyens connus d'eux,
« ayant les mêmes qualités que celles requises pour
« être témoin instrumentaire. » Est-ce que le fait de
la comparution de *Secundus* devant l'officier public,
pourra être contesté sans inscription de faux, bien que
cet officier public n'ait rien vérifié, *propriis sensibus,
visu et auditu ?..* La déclaration de l'individualité ne
sera pas l'œuvre du notaire, et cependant elle aura
l'autorité d'un acte authentique. Si elle est fausse, elle
exposera ceux qui l'auront faite à la peine de faux,
aux travaux forcés à temps, et non à la peine du faux
témoignage, la réclusion. C'est ainsi que la Cour de

cassation a jugé que les fausses déclarations, passées devant un conseil de révision pour obtenir un remplacement frauduleux, rentrent dans les termes de l'art. 147 du Code pénal, et sont passibles des peines du faux. (Cassat., 1er juillet 1837 ; *Bulletin civil*, n° 126.—6 octobre 1837; *Bulletin civil*, n° 307.— Voir aussi arrêt de Cassat. du 9 juin 1838 ; *Bulletin*, n° 163.)

« Il n'est pas douteux, dit M. Mangin, n° 184, que « l'action de faire inscrire sur les registres de l'état « civil, comme né de père et mère inconnus, *un en-* « *fant légitime*, ou d'attribuer à un enfant, dans la « déclaration à l'officier public, une autre mère que « celle qui lui a donné le jour, constitue le crime de « faux. » (M. Le Sellyer, n°ˢ 1515 et 1516.)

Un second argument de la doctrine que nous combattons, c'est que l'art. 345 du Code pénal punit, non des travaux forcés à temps, mais seulement de la réclusion, la supposition d'un enfant à une femme qui ne sera pas accouchée, supposition qui constituerait un faux, si la fausse déclaration de maternité était ainsi qualifiée par la loi pénale. Cet argument a un premier défaut. S'il était fondé, il établirait que toutes les fausses déclarations, faites dans les actes de naissance, en fraude de l'art. 47 du Code Napoléon, échapperaient à toute pénalité, à la seule condition de ne pas subir l'application de l'art. 345 du Code pénal, c'est-à-dire à la charge de ne constituer ni la supposition d'un enfant à une femme non accouchée, ni une suppression d'enfant. Mais, par exemple, la fausse déclaration qu'un enfant né d'un mariage, est né de père et mère inconnus, n'est pas la supposition d'un enfant à une femme non accouchée, et alors, elle ne constituera pas une suppression d'enfant, si l'enfant, rejeté de la famille, est cependant élevé par elle, comme un enfant-trouvé qu'elle recueille.

La suppression d'état demeurerait donc, dans ce cas, sans répression. Cela n'est pas possible.

« La répression, répond M. Demante, elle est au « moins écrite dans l'art. 363 du Code pénal, qui « prévoit et punit le faux témoignage en matière « civile. »

Cette réponse de M. Demante est repoussée par les principes les plus incontestés du droit pénal. En effet, le crime de faux témoignage suppose une déclaration assermentée, et une déclaration passée en justice par un témoin judiciairement appelé pour déclarer et attester les faits qu'il importe à une partie d'établir pour justifier les fins de sa demande. (Cassation, 7 décembre 1838; Devil. et Car., 39-1-526.)

« Un témoignage, disent avec raison MM. Chau- « veau et Faustin-Hélie, dans le sens légal de ce « mot, est une déposition faite en justice, sous la foi « du serment. » (*Théorie du Code pénal*, tome 4, p. 425, 3e édition.) — La lacune que nous signalons dans le système des pénalités, comme la consé- quence du système que nous essayons de réfuter, subsisterait donc, et elle serait inexplicable.

31. Mais alors, direz-vous avec les auteurs dont nous combattons l'opinion, pourquoi la supposition

d'un enfant à une femme non accouchée n'est-elle pas traitée comme faux? Pourquoi n'est-elle punie que de la réclusion? Pourquoi? Parce que cette supposition peut, dans certains cas, ne pas réunir toutes les conditions dont le concours est nécessaire pour que le faux soit punissable, et cependant, à raison de ses dangers, être jugée passible de pénalité.

Une femme non mariée reconnaît, par acte authentique, comme né d'elle, un enfant naturel dont elle n'est pas accouchée. Voilà une supposition d'enfant. Il n'y a pas de faux dans les termes de l'art. 147 du Code pénal. L'opinion contraire, soutenue par M. Mangin (*de l'Action publique,* n° 187), est, M. Le Sellyer en a fait la remarque, le résultat d'une évidente erreur. En effet, l'acte authentique ne fait preuve que du fait de la reconnaissance; il ne fait pas preuve de la vérité de cette reconnaissance, qui peut être combattue à l'aide de tous moyens et par tous les intéressés. (Art. 339 du Code Napoléon.) Personne, pas même la mère naturelle, n'a mandat légal, devoir positif et civil, de faire à la société la confession de rapports de filiation qu'elle ne voit qu'avec défaveur, qu'elle déplore comme un scandale; la société n'a qu'un intérêt, c'est de connaître la naissance de l'enfant, pour prolonger son existence et réprimer les crimes dont elle serait l'objet. Aussi, se garde-t-elle d'imprimer l'autorité d'une preuve à la confession de paternité ou de maternité naturelle qui lui est faite; elle la recueille dans l'intérêt de l'enfant, mais en autorisant contre elle tous contredits et en

ne l'acceptant que comme un fait sous toutes ré-
serves.

Telle n'est pas la position que la loi fait au mari,
aux docteurs en médecine, aux officiers de santé, aux
chirurgiens, sages-femmes, ou aux personnes dans la
maison desquelles a lieu l'accouchement, lorsqu'il
s'agit d'une femme mariée. Elle leur donne la mission
officielle de constater une maternité à laquelle elle
applaudit, parce que cette maternité perpétue les
familles. Elle promet foi à cette constatation, non
pas qu'elle soit exclusive de tout doute, qu'elle ne
comporte quelques dangers, par exemple le danger
de supposition d'enfant, mais parce que, comme l'a
très-bien dit d'Aguesseau, *si douteuse que puisse être
cette preuve, tout sera encore plus douteux si on ne
l'admet pas.*

Ne conçoit-on pas dès lors très-bien comment des
personnes qui, en raison de leur qualité ou de leur
situation, sont mises en demeure, par une sanction
pénale, de faire une déclaration officielle, qui sera
une preuve authentique de la vérité du fait déclaré,
ou même des personnes qui, indépendamment de
toute mise en demeure légale, se chargent sponta-
nément de cette mission, sont passibles de la peine
du faux, quand elles trompent la société, et altèrent le
fait que l'acte de naissance a pour objet de constater?

32. Ce point admis, le faux résultant de la fausse
déclaration dans l'acte de naissance d'un enfant protégé par la présomption de légitimité, ne pourra-t-il
jamais être poursuivi qu'après décision de la juridic-

tion civile? En d'autres termes, la question est de savoir si cette fausse déclaration constitue toujours une *suppression d'état*. Faut-il distinguer? Oui, dit-on. L'enfant n'a-t-il pas ou a-t-il la possession d'état d'enfant légitime? L'enfant n'a pas la possession d'état d'enfant légitime. La poursuite impliquera une suppression d'état.

L'enfant, au contraire, a-t-il la possession d'état d'enfant légitime? Faut-il sous-distinguer? Oui, dit-on encore. La poursuite reproche-t-elle à l'acte de naissance de n'être pas conforme à la possession d'état? Il semble que l'état n'est pas en jeu. Bien loin de favoriser une réclamation d'état quelconque, elle la contrarie; la poursuite tend à empêcher l'enfant de délaisser l'état dont il jouit pour essayer de conquérir l'état dont l'acte attaqué le dote. Toutefois, je ne crois pas qu'il faille s'arrêter à ces considérations, qui ont déterminé M. Demante : l'acte de naissance est le vrai titre de l'enfant, les déclarations que cet acte a fidèlement reproduites constitueraient, si elles étaient fausses, une suppression de l'état qu'elles auraient eu pour objet de dissimuler et de masquer; l'action publique qui démontrerait le mensonge des déclarants garantirait l'enfant contre tout trouble dans la possession d'un état qui n'est pas réputé légalement lui appartenir, quoiqu'il en jouisse, parce que la possession est impuissante quand elle est contraire au titre. L'action publique pourrait donc cacher une revendication d'état, la possession n'impliquant nullement l'impossibilité de revendiquer un avantage qu'elle n'as-

sure pas. Cette action n'aurait pas sans doute la responsabilité des révélations que la loi n'a pas voulu favoriser, la révélation résultant de la possession d'état ;
mais elle leur imprimerait un cachet de certitude ;
elle les légaliserait en quelque sorte. — Or, ces révélations ne doivent être tenues pour vraies que si des
intérêts privés s'en prévalent ; que si la poursuite,
en reprochant à l'acte de naissance de ne pas constater la véritable maternité, suppose une maternité
légitime autre que celle indiquée par les faits de
possession, il est clair que l'action publique pourrait
être au service d'une réclamation d'état, et, partant,
qu'elle ne saurait précéder l'action civile.

33. Reste une dernière hypothèse : l'acte de naissance
indique une filiation légitime, et il est conforme à la
possession d'état. Le ministère public soutient cependant qu'il y a eu fausse déclaration ; il articule que
l'enfant est né d'un mariage autre que le mariage
dont une double preuve le présente comme issu.
Il est évident que l'art. 327 du Code Napoléon serait
applicable. L'action publique pourrait déguiser une
réclamation d'état et une réclamation proscrite par
l'art. 322 du Code Napoléon : « Nul ne peut réclamer
« un état contraire à celui que lui donnent son titre
« de naissance et la possession conforme à ce titre. »

Ne faudrait-il pas, en effet, pour démontrer la
fausseté de la déclaration impugnée, rechercher et
constater la véritable filiation, substituer à la légitimité apparente la légitimité réelle ?

34. L'art. 192 du Code pénal est ainsi conçu :

« Les officiers de l'état civil qui auront inscrit leurs
« actes sur de simples feuilles volantes, seront punis
« d'un emprisonnement d'un mois au moins et de
« trois mois au plus, et d'une amende de seize francs
« à deux cents francs. »

Cette infraction n'a pas pour conséquence une suppression d'état. Elle est une de celles qui, suivant l'expression de Berlier, dans l'exposé des motifs, expression reproduite dans le rapport de Noailles au Corps législatif, *compromettent* l'état civil des personnes. Elle *détruit*, ou peut-être seulement, suivant une opinion accréditée, elle *ébranle* la preuve de cet état; elle *l'altère*. Elle peut être poursuivie *de plano* devant la juridiction répressive, au moins, si elle n'a pas empêché l'enfant, ainsi inscrit sur une feuille volante, d'acquérir la preuve de son état, par exemple, si la possession d'état a suppléé au défaut d'inscription sur les registres.

Mais *quid* si l'enfant inscrit sur une feuille volante, comme enfant né de tel mariage, n'a pas une possession d'état conforme à cet acte de naissance irrégulier ?

Je crois que l'infraction peut encore être déférée *de plano* à la juridiction répressive.

Est-ce que la poursuite impliquera que la feuille volante fera foi de ses énonciations et de sa date ? — De deux choses l'une : ou l'on admettra avec M. Toullier, avec M. Coin-Delisle, avec M. Richelot, avec la Cour de Metz, que la représentation de cette feuille volante donnera lieu à l'application de l'art. 46 du

Code Napoléon, c'est-à-dire à la preuve, tant par titres que par témoins, de la naissance de l'enfant pendant le mariage ; ou l'on admettra avec M. Duranton, avec M. Zachariæ, avec M. Demolombe, avec la Cour de cassation, que ce cas ne saurait être assimilé au cas d'absence ou de perte de registres [1].

Dans l'une et dans l'autre hypothèse, la poursuite ne changera pas le caractère de la feuille volante, n'ajoutera à sa force probante, si elle en a une, ou ne lui imprimera cette force, si elle n'en a pas. Pourquoi donc paralyser une poursuite sans influence possible sur la réclamation éventuelle d'état ? La question de savoir si une inscription sur une feuille volante donne passage à la preuve testimoniale, ou même peut être considérée comme une preuve complète, n'aurait d'intérêt que pour l'examen du point de savoir si le ministère public pourrait voir un faux dans les énonciations mensongères de cette feuille volante.

35. La dissimulation de la filiation d'un enfant naturel, n'est pas en soi une chose que la loi ait voulu interdire. L'état d'un enfant naturel ne peut donc pas être *supprimé*, si la suppression d'état consiste à *prévenir*, à *empêcher* la preuve d'un état dont la loi exige la constatation. La théorie contraire compte

---

[1] Voir M. Demolombe, t. 1er, no 322, et les autorités citées sous ce numéro. M. Demante voit dans l'acte de naissance, inscrit sur une feuille volante, un commencement de preuve par écrit, quand le père y a été partie, ou au moins un indice grave dans le sens de l'art. 323, pouvant donner passage à la preuve testimoniale, t. 2, p. 81.

sans doute en sa faveur des autorités bien puissantes. Les meilleurs interprètes du Code Napoléon, MM. Demolombe, Marcadé, Du Caurroy, Bonnier, Roustain, Demante, la défendent ; de savants criminalistes, MM. Mangin, Faustin-Hélie, Achille Morin, Dalloz, l'ont également adoptée, et elle a obtenu la sanction de la Cour de cassation. MM. Le Sellyer et Rauter sont, à ma connaissance, les seuls auteurs qui la repoussent ; ils se bornent à un argument de texte, à un argument de rubrique, qui a de la valeur sans doute, mais qui, par lui-même, ne serait peut-être pas décisif ; ils citent dans leur sens M. Merlin.—Mais l'éminent jurisconsulte est loin d'être explicite, et, dans tous les cas, M. Merlin aurait plutôt supposé que discuté ; il s'agit là d'une des questions capitales de la matière ; elle appelle des développements, et à raison de son importance pour l'interprétation de l'art. 327 du Code Napoléon, et à raison aussi du préjugé si imposant qui s'élève contre notre solution [1].

---

[1] Demolombe, *Cours de Code civil,* t. 5, p. 537, n⁰ˢ 530 et 531.

Marcadé, *sur l'art.* 342, n⁰ 4.

Du Caurroy, *sur l'art.* 326, n⁰ 322.

Demante, t. 1ᵉʳ, p. 134, n⁰ 70 *bis.*

Mangin, *de l'Action publique,* n⁰ 187.

Faustin-Hélie, t. 3, p. 225.

Morin, *Répertoire,* v⁰ *Questions préjudicielles,* n⁰ 13.

Dalloz, v⁰ *Paternité,* 387.

Cassation, 25 novembre 1808 et 12 mai 1834.

En notre sens, Le Sellyer, n⁰ 1517.

Rauter, t. 2, p. 304.

36. La raison sur laquelle repose la théorie dont je m'écarte, c'est que la règle qui soumet la réclamation d'état de l'enfant à la condition d'une preuve écrite, ou au moins d'un commencement de preuve par écrit, s'applique aussi bien à l'enfant naturel qu'à l'enfant légitime, et que l'art. 327 est dans le titre VII *de la Paternité et de la Filiation*.

Je pourrais répondre que l'art. 327 est dans le chapitre 2 de ce titre : *des Preuves de la Filiation des Enfants légitimes*, et non dans le chapitre 3 : *des Enfants naturels*, et que dès lors, s'il est la sanction de l'art. 323, il n'est pas la sanction des art. 340 et 341.

Je fais une autre réponse : la véritable explication de l'art. 327 n'est pas la préoccupation des périls d'une preuve testimoniale. Cette préoccupation devrait, en effet, s'étendre à la filiation naturelle, et ne pas se concentrer sur la filiation légitime. Mais ne devrait-elle pas aussi, si elle était la cause de l'incompétence des juridictions criminelles pour les questions d'état relatives à la filiation, réagir sur la compétence en matière de question d'état d'époux ? La loi est bien plus sévère pour la preuve du mariage que pour la preuve de la filiation légitime ou naturelle : elle exige un acte de célébration ; elle n'admet même pas la preuve testimoniale avec un commencement de preuve par écrit. Dans le système que j'examine, toute poursuite répressive pouvant aboutir à la constatation d'un mariage, la loi devrait subordonner l'action publique au jugement préalable de la juridiction civile sur la qualité d'époux ; or, et j'insisterai bientôt sur ce point, la loi n'a rien fait de cela. L'art. 327 est étranger aux questions d'état d'époux. Il puise donc sa raison d'être dans des motifs qui ne sont pas communs à ces dernières questions, et, partant, il ne les puise pas dans les dangers du témoignage oral.

Mais la crainte de la preuve testimoniale une fois écartée comme base principale de l'art. 327, où est la cause d'assimilation des questions d'état d'enfant naturel aux questions d'état d'enfant légitime ? N'y a-t-il pas, au contraire, des différences caractéristiques ? La loi assure, sous de fortes sanctions pénales, la révélation de l'état d'enfant légitime, parce que cette révélation est conforme à l'intérêt de la société ; elle tolère, elle accepte dans un intérêt privé la révélation de l'état d'enfant naturel ; elle autorise même la recherche de la maternité naturelle ; mais elle n'impose jamais cette révélation, et surtout elle n'édicte pas de peines pour l'assurer. Sans doute, cette différence, au premier aspect, porterait à croire que la loi a dû rendre plus facile la répression des atteintes à l'état d'enfant légitime, que la répression des infractions qui ne s'attaquent qu'à l'état d'enfant naturel.

Toutefois, il n'en est pas ainsi : la preuve acquise de l'état d'enfant naturel d'une personne déterminée et la preuve acquise de l'état d'enfant légitime, sont vues, sinon avec la même faveur, au moins avec le même respect et la même pensée de protection : les garanties sont identiques. Seulement, la preuve que la loi appelle et exige dans un cas, elle ne l'appelle même pas dans l'autre, et c'est justement le fait d'empêcher la preuve qu'elle réclame qui constitue la suppression d'état dans le sens de l'art. 327 du Code Napoléon. On peut *altérer, détruire* la preuve de l'état d'un enfant naturel; mais on ne saurait *supprimer* cet état.

Considérons successivement les trois faits qui, à l'égard des enfants conçus ou nés pendant le mariage, peuvent constituer des suppressions d'état.

C'est : 1° le défaut absolu, dans les délais de l'article 56 du Code Napoléon, de déclaration de la naissance de l'enfant, par ceux que la loi en a chargés dans un certain ordre et non concurremment, ou l'insuffisance de cette déclaration ;

2° L'attribution de l'enfant à des père et mère imaginaires ;

3° L'attribution de l'enfant à une femme autre que la femme mariée dont il est né.

37. J'examine le premier fait : le défaut de présentation à l'officier de l'état civil d'un enfant né hors mariage, pourrait-il constituer la suppression d'état de cet enfant ?

La filiation naturelle, à la différence de la filiation légitime, ne se prouve point par l'acte de naissance. (Art. 319, 341 et 336 du Code Napoléon.)

OEuvre de l'accoucheur ou des témoins de l'accouchement, ses énonciations, si précises qu'elles puissent être, soit sur la paternité, qui ne peut être recherchée, soit même sur la maternité, bien que la recherche en soit permise sous certaines conditions, ne sauraient servir de commencement de preuve par écrit. (Art. 1347.) Elles n'ont de valeur qu'autant qu'elles émanent de celui ou de celle que l'enfant revendique comme son père ou comme sa mère.

Le défaut de déclaration laisse donc l'enfant naturel, sous le rapport de l'état, dans la condition où il serait avec un acte de naissance.

38. Ce que je dis du défaut absolu de déclaration, je le dis également de la déclaration muette sur le fait de la paternité et même de la maternité naturelles. — L'indication de la paternité naturelle est évidemment interdite par l'art. 340 du Code Napoléon, et, si elle était reçue, elle serait réputée non écrite. Pourquoi en serait-il autrement de l'indication de la maternité naturelle, puisque cette indication ne saurait servir à l'enfant? Inutile, elle peut être dangereuse; donc cette indication ne saurait être exigée des déclarants. Cassation, 16 septembre 1843; 1er juin 1844; 1er août 1845; Cour d'Angers, 18 novembre 1850; Devil. et Car., 43-1-915; 44-1-670; 45-1-840; 51-2-280. — Carnot, *sur l'art.* 340, n° 4. — MM. Chauveau et Hélie, t. 4, p. 366. — *Sic*, MM. Demolombe, Mourlon, Demante. — *Contrà*, Achille Morin, *Journal du Droit criminel*, t. 15, p. 365.

Je ne dis pas seulement que l'indication des père et mère naturels n'est pas obligatoire; je dis encore que cette indication, même faite, ne doit pas être recueillie par l'officier de l'état civil.

Ceci admis, il ne peut pas être question de punir

l'absence d'indication des père et mère naturels ; mais le défaut de déclaration de la naissance hors mariage constitue une infraction punissable. Pourquoi cette infraction ne pourrait-elle pas être poursuivie *de plano* devant la juridiction répressive ? Serait-ce par ce que la poursuite dirigée contre l'accoucheur, ou les témoins de l'accouchement, aboutirait le plus souvent à la révélation de l'accouchée ? Qu'importe, du moment où la condamnation, muette sur la personne de la mère, ne constituera pas un lien entre celle-ci et l'enfant ?

Si l'action répressive était enchaînée sous le prétexte que son exercice pourrait amener la révélation de la faute des filles-mères, l'infanticide lui-même serait le plus souvent à l'abri de répression. Les scrupules et la réserve de la loi ne vont pas jusque-là.

La poursuite d'un infanticide ne peut-elle pas constater que l'enfant homicidé est né d'une femme mariée, et, par conséquent, appartenant au mariage ?

Cependant personne n'a songé à soutenir que l'art. 327 paralysait cette poursuite, tant que la question d'état n'était pas jugée au civil. (Voir Cassation, 4 août 1842 ; *Bulletin criminel*, n° 190.)

La poursuite de l'accoucheur, ou des témoins de l'accouchement, n'aura pas des conséquences que n'aurait pas lui-même un acte de naissance, reçu dans les délais, s'il ne contenait pas de reconnaissance.

39. J'examine le second fait : les déclarants ont

attribué la paternité et la maternité à des êtres imaginaires ; s'ils n'ont pas présenté ces êtres imaginaires comme gens mariés, l'indication n'a pas dû être reçue.

S'ils ont présenté ces êtres imaginaires comme gens mariés, l'indication a dû être reçue ; mais quel tort sa fausseté fait-elle à l'enfant? L'indication de la vérité ne lui aurait été d'aucun secours légal ; point de préjudice, point de grief, point de suppression d'état.

Ce fait, à mon sens, ne tombe sous le coup d'aucune pénalité ; il est impossible d'y trouver un faux, puisque aucun intérêt n'a pu être lésé.

On pourrait peut-être m'opposer l'autorité d'un arrêt de rejet de la Cour de cassation du 19 juillet 1849. (*Bulletin criminel*, 1849, n° 169.)

« Attendu que les faits de la prévention contre
« Jean-Baptiste Lemercier et Yvonne Audrain étaient
« d'avoir, avec connaissance, fait inscrire un enfant
« du sexe féminin, né le 30 mars 1849, sur les re
« gistres de l'état civil de la commune de Collincé,
« comme fille légitime des époux Taupin, les époux
« Taupin n'étant que des personnages imaginaires, et
« d'avoir ainsi commis un faux en écriture authen
« tique ;

« Attendu qu'il résultait nécessairement des faits
« imputés aux prévenus, la substitution d'un état faux
« au véritable état de l'enfant, qui demeurait ainsi
« supprimé ;

« Attendu que le faux n'était ici que le mode de

« perpétration du crime de suppression d'état, et
« qu'il doit être régi par les mêmes principes ;

« Attendu que, suivant le texte impératif de l'ar-
« ticle 327 du Code civil, l'action criminelle contre
« un délit de suppression d'état ne peut commencer
« qu'après le jugement définitif sur la question
« d'état ;

« Attendu qu'en le décidant ainsi, la Cour d'appel
« de Rennes, loin de violer l'article précité, en a fait
« une saine application ;

« La Cour rejette. »

La doctrine de cet arrêt est irréprochable, si l'enfant attribué à des père et mère imaginaires était né
d'une femme mariée ; cet enfant avait, en effet, été
par une fraude déshérité de la présomption de paternité qui l'attribuait au mari ; son état, l'état qui ne
pouvait lui être enlevé que par un désaveu, avait été
supprimé. Tout porte à penser que telle était l'espèce :
s'il se fût agi d'une naissance hors mariage, comment
aurait-on pu infliger une pénalité pour l'indication
trompeuse d'une paternité ou d'une maternité dont
la société n'imposait point la confession ?

40. J'examine le troisième fait : les déclarants ont
attribué la maternité à une femme autre que la
femme accouchée.

Ont-ils attribué cette maternité à une femme non
mariée ? Cette indication, l'officier de l'état civil ne
devait pas en tenir compte ; son devoir était de la
répudier ; illégalement recueillie, elle devrait être réputée non écrite.

Dans ce système, le fait de cette fausse indication échapperait au châtiment, s'il ne pouvait être considéré comme une diffamation. Fût-il punissable, incontestablement il ne constituerait pas un faux, puisque l'indication d'une mère naturelle dans l'acte de naissance, sans le concours de celle-ci, est dépourvue de toute autorité. Il ne pouvait tout au plus donner lieu qu'à l'application de l'art. 345 du Code pénal ; il constituerait la supposition d'un enfant à une femme non accouchée, et pourrait être poursuivi *de plano* devant la juridiction répressive.

41. Mais les déclarants ont attribué faussement l'enfant naturel à une femme mariée : l'acte de naissance fait foi jusqu'à inscription de faux de la filiation légitime ; la répression, pour moi, est écrite dans l'article 147, § 4, du Code pénal ; c'est un faux en écriture authentique, punissable de la peine des travaux forcés à temps ; ce n'est pas seulement le crime de supposition d'un enfant à une femme non accouchée, crime punissable de la peine de la réclusion, aux termes de l'art. 345 du Code pénal.

Mais, quelle que soit la pénalité, qu'il faille appliquer la peine des travaux forcés à temps ou la réclusion, qu'il s'agisse de l'art. 147 ou de l'art. 345, la poursuite ne peut-elle être intentée qu'à la condition d'un jugement préalable sur la question d'état, aux termes de l'art. 327 du Code Napoléon ?

Au premier aspect, on pourrait être tenté d'adopter l'affirmative. En effet, l'enfant naturel a été doté des apparences d'une filiation légitime, et l'action répressive tend à lui enlever ce bénéfice. Le crime, si un crime a été commis, a attribué à l'enfant un droit qui ne lui appartient point. Oui ; mais quels sont les crimes qui ne doivent pas être déférés *de plano* aux juridictions répressives? Les crimes qui impliquent une suppression d'état et une suppression d'état d'enfant légitime, les crimes dont l'objet est d'expulser de la famille des enfants qui lui appartiennent ; ce ne sont pas les crimes qui ne sont que des moyens d'usurper la légitimité, et de placer dans une famille des enfants qui y sont étrangers. (Voir Mangin, *de l'Action publique*, n° 190.)

Reste toutefois une difficulté : l'attribution d'un enfant à une femme non mariée, qui n'en est pas la mère, n'est pas un faux ; ce n'est pas non plus, d'après moi, le crime de supposition d'enfant de l'art. 345 du Code pénal. Dans quel cas donc cette disposition de l'art. 345 sera-t-elle applicable? Je l'ai déjà dit, quand la supposition fausse émanera de la femme elle-même, de la prétendue mère naturelle, et que cette supposition sera consignée dans un acte authentique. La reconnaissance de la femme ne constituera point un faux, parce qu'elle ne fera foi jusqu'à inscription de faux que du fait que la femme a réellement reconnu l'enfant ; elle ne fera nullement foi, jusqu'à inscription de faux, de la sincérité de la déclaration qui pourra toujours être contestée par les intéressés. (Voir Cassation, 1ᵉʳ octobre 1842 ; *Journal du Droit criminel*, t. 14, p. 366.)

42. *A fortiori*, si la preuve acquise de l'état d'enfant

naturel est corrompue, *ex post facto,* par un faux, la poursuite du ministère public ne sera pas subordonnée à la condition d'un jugement civil.

43. Vous vous demanderez peut-être si au moins on ne devra pas considérer comme une suppression d'état d'enfant naturel le faux commis par l'officier de l'état civil qui, appelé par le père ou la mère à constater une reconnaissance de la filiation naturelle, dénaturerait la substance de la déclaration et enlèverait ainsi à l'enfant le titre qui devrait lui être conféré ?

Au premier aspect, on pourrait être tenté de voir là une suppression d'état. Toutefois, la réflexion démontre bientôt que l'acte de l'officier de l'état civil ne devait pas faire foi directement de la sincérité de la reconnaissance, qu'il ne devait pas même en faire foi indirectement, puisque la déclaration même constatée, à la différence de la déclaration d'une filiation légitime, n'eût pas commandé cette foi ; que, par suite, le faux est, à proprement parler, plutôt une *altération* qu'une *suppression* de la preuve de l'état : donc, ce faux pourra être déféré *de plano* à la juridiction répressive.

Est-ce à dire que les infractions prévues par l'article 345 ne peuvent être commises au préjudice d'un enfant naturel ? Non, certainement. On comprendra bien que la suppression d'un enfant naturel, reconnu ou non reconnu, son enlèvement, son recel, sa substitution à un autre enfant, son exposition dans un lieu solitaire ou non solitaire, doivent être punis.

Est-ce à dire que *les infractions prévues par l'ar-*

ticle 345 ne peuvent être commises au préjudice d'un enfant naturel ? Non, certainement. On comprend bien que la suppression d'un enfant naturel, reconnu ou non reconnu, son enlèvement, son recel, sa substitution à un autre enfant, son exposition dans un lieu solitaire ou non solitaire, sont des faits punissables.

Je dis seulement que la répression d'aucune infraction se rattachant à la filiation hors mariage, ne peut être paralysée par la crainte que la poursuite ait pour but ou pour résultat de masquer et de dérober aux juridictions civiles une réclamation d'état.

44. Cette théorie a des conséquences très-importantes; elle prouve, si elle est fondée, qu'on a donné à l'art. 327, si vivement critiqué, beaucoup plus d'extension que ne comportent et son texte et son esprit. Je cite : un homme fait inscrire sur les registres de l'état civil, comme né de son mariage, un enfant né de son commerce adultérin; il est poursuivi pour faux. La Cour de cassation, le 22 octobre 1808, décide que l'action publique n'était pas recevable, que la question d'état devait être préalablement jugée par les tribunaux civils. Qu'importe que la poursuite soulevât une question d'état? Ce qui est certain, c'est qu'elle ne reprochait pas une suppression d'état d'enfant légitime ; elle articulait, chose toute différente, l'usurpation de la qualité d'enfant légitime. (Mangin, *de l'Act. publ.*, t. 1er, p. 494, n° 186.) Mais la répression de cette usurpation ne pouvait donc suppléer une réclamation d'état. Elle n'imposait pas même la né-

cessité de rechercher la véritable maternité ; elle contestait seulement le fait de la maternité d'une certaine femme mariée. L'art. 327 n'était pas applicable.

La Cour de cassation semble, au contraire, avoir sanctionné nos principes dans une espèce jugée le 5 février 1808.

Jean Franc avait présenté à l'officier de l'état civil un enfant né de lui et de sa concubine; mais il l'avait fait inscrire sous le nom de son frère, dont il avait contrefait la signature : il est poursuivi pour faux. Il oppose l'art. 327 du Code Napoléon. La poursuite est déclarée cependant recevable ; la Cour de cassation rejette le pourvoi. Cet arrêt, que M. Mangin critique, a toute notre approbation (Mangin, p. 436, n° 190.). La poursuite n'avait pas pour objet une suppression d'état d'enfant légitime. Elle contestait la paternité naturelle du frère de l'accusé ; elle n'était pas même apte à établir que c'était celui-ci qui était le véritable père ; que la paternité lui appartînt ou non, il n'en avait pas moins commis un faux par substitution de personne.

45. Le crime d'enlèvement, prévu par les art. 354, 355 et 366 du Code pénal, peut-il être poursuivi, quand la femme enlevée est devenue mère, et que l'époque de la conception coïncide avec l'époque de l'enlèvement? Le doute pour la théorie qui applique l'art. 327 à la filiation naturelle, naît de ce que l'article 340 du Code Napoléon autorise, dans ce cas, la recherche de la paternité. Pour moi, il n'y a pas, il ne peut pas y avoir de question ; mais, au point de vue même de la théorie que je combats,

je suis loin de reconnaître qu'il y ait des motifs bien sérieux d'hésitation (Voir cependant Marcadé, t. 1ᵉʳ, art. 342, nᵒ 4.). Est-ce que la condamnation pour enlèvement impliquera nécessairement la paternité du ravisseur? La recherche de cette paternité sera recevable devant les tribunaux civils, si le crime d'enlèvement est reconnu par la juridiction répressive; voilà tout. Mais la recevabilité de cette recherche n'est pas même subordonnée au fait de la condamnation. La juridiction civile serait bien compétente pour constater l'enlèvement, s'il n'y avait pas de poursuite du ministère public. Dans tous les cas, la vérification du fait de la paternité appartiendra au tribunal civil. (*Sic*, Demolombe, t. 5, nᵒ 532.)

46. L'art. 327 est inapplicable à la filiation adultérine ou incestueuse, que les tribunaux ne peuvent être jamais appelés à constater directement.

L'art. 327 est inapplicable à la filiation adoptive [1]. Pourquoi? Parce que la preuve acquise de cette filiation peut sans doute être *altérée*, *détruite*, mais que cette altération, cette destruction, ne constituent pas une suppression d'état.

47. L'art. 327 est-il applicable à la destruction ou à l'altération de la preuve de l'état d'époux? Tous les monuments de la doctrine et de la jurisprudence consacrent la négative : des dissidences seraient en effet inexplicables. L'art. 198 du Code Napoléon est en effet ainsi conçu :

[1] M. Le Sellyer, nᵒ 151.

« Lorsque la preuve d'une célébration légale du
« mariage se trouve acquise par le résultat d'une
« procédure criminelle, l'inscription du jugement sur
« les registres de l'état civil, assure au mariage, à
« compter du jour de sa célébration, tous les effets
« civils, tant à l'égard des époux, qu'à l'égard des
« enfants issus de ce mariage. »

48. La raison de cette disposition est-elle ou n'est-
elle pas en contradiction avec la disposition de l'article 327 ? Voilà ce qu'il faut examiner. La loi se
montre plus rigoureuse pour la preuve du mariage,
que pour la preuve de la filiation. Cette dernière preuve
ne résulte pas seulement des actes de l'état civil, elle
résulte encore de la possession d'état. La preuve du
mariage ne résulte que de la représentation d'un acte
de célébration. De là les art. 194 et 195 :

194. — « Nul ne peut réclamer le titre d'époux
« et les effets civils du mariage, s'il ne représente
« un acte de célébration inscrit sur le registre de
« l'état civil, sauf les cas prévus par l'art. 46, au
« titre *des Actes de l'Etat civil.* »

195. — « La possession d'état ne pourra dispenser
« les prétendus époux qui l'invoqueront respective-
« ment, de représenter l'acte de célébration du ma-
« riage devant l'officier de l'état civil. »

La possession d'état en matière de mariage ne
supplée la représentation de l'acte de célébration,
qu'au profit d'enfants dont les père et mère sont décédés, et qui disent :

« Nous ignorons où le mariage, dont nous sommes

« issus, a été célébré ; ce que nous savons, c'est que
« nos père et mère ont vécu publiquement comme
« mari et femme, et leur possession d'état d'époux
« est confirmée par notre possession d'état d'enfants
« légitimes. »

Les enfants peuvent alors se prévaloir de l'article 197 :

« Si, néanmoins, dans les cas des art. 194 et 195,
« il existe des enfants issus de deux individus qui
« ont vécu publiquement comme mari et femme, et
« qui soient tous deux décédés, la légitimité des en-
« fants ne peut être contestée sous le seul prétexte
« du défaut de représentation de l'acte de célébra-
« tion, toutes les fois que cette légitimité est prouvée
« par une possession d'état qui n'est point contre-
« dite par l'acte de naissance. »

49. Cet art. 197 est, comme le fait très-judicieuse-
ment observer M. Demante, t. 1er, n° 279 *bis*, spécial
aux enfants dont il s'agit de protéger la légitimité. Les
autres intéressés, les ascendants, les collatéraux qui,
de leur chef et non du chef des enfants, invoque-
raient l'existence d'un mariage, n'auraient pas le bénéfice de cette disposition. (Paris, 6 février 1819.)

50. La loi admet, en matière de filiation, la preuve
par témoins ou par présomptions, lorsqu'il existe un
commencement de preuve par écrit (32). L'acte de
célébration de mariage *inscrit sur les registres*, voilà,
sauf l'application de l'art. 46 du Code Napoléon, en
cas d'absence ou de perte de ces registres, la seule
preuve du mariage. Je ne puis pas croire, malgré

l'autorité contraire de M. Demante, t. 1ᵉʳ, n° 297, qu'un commencement de preuve par écrit (1347) puisse rendre admissible la preuve, soit par témoins, soit par présomptions, d'une célébration de mariage, dont il n'aurait pas été dressé d'acte.

51. Pourquoi donc la loi si sévère, si ombrageuse sur la preuve des mariages, consent-elle à puiser cette preuve dans les décisions des juridictions criminelles? Pourquoi ne suspecte-t-elle ces juridictions qu'en matière de filiation, et, suivant nous, qu'en matière de filiation légitime...? N'est-ce pas là une véritable anomalie? On a donné deux raisons de la différence de solution : 1° la publicité, la solennité du mariage précédé d'annonces et d'affiches; 2° la circonstance que l'acte de célébration est le seul et vrai titre, un titre qu'aucune autorité, aucune possession, ne peuvent suppléer : je ne nie pas que ces raisons, surtout la première, soient la véritable explication de la loi; ce que je soutiens seulement, c'est que si on s'en était inspiré pour l'interprétation de l'art. 327, elles n'auraient pas permis de soumettre à l'application de cet article des hypothèses qui y étaient absolument étrangères, et auraient fait voir l'unité de pensée et l'harmonie des dispositions là où l'on a vu des différences à expliquer.

52. Quelles sont les infractions à la loi pénale, qui tendent à détruire ou altérer la preuve de l'état d'époux?

1° La destruction totale ou partielle des registres;

2° L'altération *ex post facto* de l'acte de célébration du mariage ;

3° L'altération, dès le principe, par un faux intellectuel, de la substance des déclarations ;

4° L'inscription sur une feuille volante de l'acte de mariage.

Eh bien ! ces quatre faits, je crois avoir démontré qu'ils peuvent être, même en matière de filiation légitime, déférés *de plano* aux juridictions répressives, et justement parce que ces faits se sont attaqués à des preuves publiques, solennelles, et non au fait secret, latent, de la naissance, parce qu'ils se sont attaqués à des *preuves*, que, dans certains cas, aucune preuve ne peut remplacer, puisque la possession d'état peut manquer par beaucoup de causes.

C'est qu'ils ne suppriment pas un *état*, mais tout au plus *la preuve acquise de cet état ;* c'est qu'ils comportent devant toutes les juridictions une preuve testimoniale. Remarquez qu'en matière de mariage, de filiation naturelle, d'adoption, l'état civil légal ne préexiste pas à la preuve, n'est pas au moins indépendant de cette preuve. L'enfant naturel lui-même tient son état, non de la loi, mais de la reconnaissance. Au contraire, pour la filiation légitime, elle existe légalement, abstraction faite de toute preuve. Elle est la conséquence d'un fait qui n'est pas toujours un fait public, à savoir le fait d'être né d'une femme mariée. La loi appelle la lumière sur ce fait ; elle oblige, et elle oblige sous des sanctions pénales, certaines personnes à le déclarer ; c'est la violation de cette obligation qui constitue la suppression d'état.

53. Pour les faits criminels, qui altèrent et même détruisent la preuve acquise de l'état, les juridictions répressives semblent offrir à la société et à la loi plus de garanties que la juridiction civile. La preuve, je la trouve dans l'art 200 du Code Napoléon, que je dois rapprocher de l'art. 199 :

« Si les époux ou l'un d'eux sont décédés sans avoir « découvert la fraude, *l'action criminelle* peut être « intentée par tous ceux qui ont intérêt de faire « déclarer le mariage valable et par le procureur « impérial. » (Art. 199.)

« Si l'officier public est décédé lors de la découverte « de la fraude, *l'action* sera dirigée au civil contre « ses héritiers, par le procureur impérial, en pré- « sence des parties intéressées et sur leur dénoncia- « tion. » (Art. 200.)

Voilà une grave dérogation au droit commun. Quand l'action publique est éteinte par le décès de l'auteur de la fraude, j'ajoute : ou éteinte soit par la prescription, soit par l'amnistie, l'action civile survit, et elle a pour représentant, non la partie lésée, mais le ministère public qui l'exerce en présence de celle-ci et sur sa dénonciation.

L'art. 200 n'implique-t-il pas encore l'existence d'une autre dérogation au droit commun ? Ne suppose-t-il pas que l'action civile ne peut être déférée à la juridiction civile, même par l'entremise du ministère public, que lorsqu'il y a impossibilité de la joindre à l'action publique, pour saisir la juridiction répressive ? N'est-ce pas là une exception au droit, en général, accordé à la partie lésée d'opter entre la juridiction civile et la juridiction criminelle? Cette question est controversée, et je n'ai pas à la discuter ici. Je renvoie au *Cours de Code Napoléon* de M. Demolombe, t. 3, n°ˢ 415 et 416; — à M. Valette, *sur Proudhon*, t. 1ᵉʳ, p. 107; — à M. Mourlon, *Répétitions écrites*, t. 1ᵉʳ, p. 361, 2ᵉ édition, où vous trouverez les éléments de la controverse, et je me borne à dire que j'adopte la conclusion de ces jurisconsultes, à savoir : que la juridiction civile ne peut être saisie que lorsque l'exercice de l'action publique est reconnu impossible. C'est presque la contre-partie de l'art. 327 du Code Napoléon.

La disposition exceptionnelle de l'art. 200 a pour but de garantir que le procès ne sera pas un vain simulacre, qu'un débat fictif ne voilera pas un concert tendant à faire proclamer, soit comme existant un mariage qui n'aurait pas été réellement contracté, soit comme n'existant pas un mariage qui existerait réellement. Remarquez que notre argument n'implique aucune préférence entre les diverses interprétations données aux mots *l'action criminelle* de l'art. 199.

Ces mots ont-ils une acception différente, suivant qu'ils s'appliquent ou aux parties privées ou au ministère public ? Dans le premier cas, s'entendent-ils de l'action civile ? Dans le second, de l'action publique ? C'est la doctrine de M. Marcadé (art. 199, n° 2). Peu importe, s'il est admis qu'il s'agit d'une action dans l'un ou l'autre cas à déférer à la justice répressive. Ces mots s'entendent-ils toujours d'une action civile, à l'exercice de laquelle sont appelés et le ministère public et les intéressés ? C'est le système de M. Demante (t. 1er, p. 393); c'est aussi le système de M. Mourlon (t. 1er, p. 361). Mais qu'importe? Ces auteurs reconnaissent que la juridiction à saisir est la juridiction criminelle, la juridiction criminelle proprement dite, ou correctionnelle. Ces mots, au contraire, s'entendent-ils seulement de l'action publique, que les parties privées ne peuvent pas, à la vérité, mettre directement en mouvement devant la Cour d'assises, mais qu'elles peuvent toujours au moins provoquer par une plainte? C'est le système de M. Valette (*sur Proudhon*, t. 1er, p. 107); c'est le système de M. Demolombe (t. 3, n° 415). Si nous avions à faire un choix, nous adopterions ce système comme le plus juridique ; il nous suffit ici de dire que l'argument déduit de l'art. 200 du Code Napoléon, est conciliable avec toutes ces interprétations diverses, en tant qu'elles s'accordent à reconnaître que, lorsque la juridiction criminelle peut être saisie, la juridiction civile ne saurait l'être. Or, MM. Marcadé et Demante sont, parmi les récents commentateurs du Code Napoléon, les seuls qui professent ou supposent que les parties privées ont le droit, même quand la poursuite criminelle est possible, de s'adresser à la justice civile pour faire rétablir la preuve d'un mariage dont un crime ou un

délit les ont dépouillés (Marcadé, *sur l'art.* 199, n° 4,
in fine; — M. Demante, t. 1ᵉʳ, p. 491).

De tout cela, ne ressort-il pas que l'exclusion des
juridictions criminelles, en matière de suppression
d'état, repose sur des motifs spéciaux à la filiation
légitime, sur la nature de certains faits, à l'aide
desquels on a essayé quelquefois d'en dérober à la
société la constatation ?

L'art. 327 n'est-il pas dû à la pensée que, lorsqu'un
enfant, fût-il véritablement né de la femme mariée
qu'il revendique pour mère, n'a pour lui ni acte de
naissance, ni possession d'état pour se rattacher au
mariage dont il se prétend issu, la présomption de
paternité est trop ébranlée, trop affaiblie pour que la
société se charge de la faire valoir ?

Si cette théorie a contre elle des autorités puissantes, elle peut invoquer en sa faveur un arrêt ré-
cent de la Cour de cassation dont les motifs, au moins,
semblent la sanctionner de la manière la plus directe.
« Vu les art. 326 et 327 du Code Napoléon ; — at-
« tendu que ces articles ne s'appliquent qu'à la filia-
« tion des enfants légitimes, à leur possession d'état
« et à toute réclamation que peut faire naître leur
« suppression d'état » (Cass., 14 octobre 1853 ; Dev.
et Car., 54-1-157).

CHAPITRE DEUXIÈME.

EXCEPTIONS PRÉJUDICIELLES AU JUGEMENT DE L'ACTION PUBLIQUE.

———

Quelle est la mesure de la compétence du juge répressif
sur les questions de droit civil que soulève l'action publique?—Dans quels
cas peut-il ou doit-il surseoir jusqu'au jugement
des juridictions civiles?

———

55. Le juge répressif peut appliquer la loi civile dans les limites des nécessités de l'appréciation de l'action publique.

56. Preuve écrite dans l'article 3 du Code d'instruction criminelle.

57. Objection de MM. Delamarre et Le Poitvin.—Réfutation.

58. Solution de la Cour de cassation, dans la note du 5 novembre 1813.

59. Loi 1, *Codice, de Ordine Cognitionum*, et loi 3, *Codice, de Judiciis.*—Ces lois n'ont pas pour la question l'importance qu'on y a attachée.

60. Les Cours d'assises, les tribunaux correctionnels, les tribunaux de simple police, ne sont pas des juridictions d'exception, lorsqu'il s'agit de statuer sur l'action publique.

74. *Quid* de la question d'identité d'un individu condamné, évadé et repris ?

75. Le principe des articles 182 du Code forestier et 59 de la loi du 15 avril 1829 est-il applicable aux Cours d'assises ?

76. Quelles sont les limites de l'application de ce principe par les Cours d'assises ?

77. Question de nationalité d'un agent accusé d'un crime commis à l'étranger au préjudice d'un français.

78. Est-ce la Cour d'assises ou le Jury qui résoudra cette question d'état ?

79. Les questions, soit d'existence de la qualité commerciale, soit d'existence de la faillite, quand la faillite n'a pas été déclarée dans les termes de l'art. 440 du Code de commerce, doivent-elles, en cas d'accusation de banqueroute frauduleuse, être renvoyées à la juridiction consulaire ? Si non, est-ce à la Cour d'assises ou au Jury qu'il appartient de les résoudre ?

80. Solution radicale de MM. Delamarre et Le Poitvin, qui prévient cette difficulté.—Suspension, suivant eux, de l'action publique.

81. Réfutation de cette opinion.

82. Réfutation de l'opinion subsidiaire de MM. Delamarre et Le Poitvin.

83. Jurisprudence de la Cour de cassation sur l'art. 597 du Code de commerce.

84. C'est au Jury, et non à la Cour d'assises, en cas d'accusation de banqueroute frauduleuse, à vérifier la qualité commerciale et le fait de la faillite.

85. En cas d'accusation de viol, à qui de vérifier la circonstance aggravante résultant de la qualité d'ascendant de la victime ?

86. En cas d'accusation de bigamie, à qui de vérifier la validité du premier et du second mariage ? — Rejet d'une distinction de la Cour de cassation.

87. A qui appartient-il de connaître d'une question d'état
    soulevée incidemment à une question de procédure
    devant la Cour d'assises?
88. Les juridictions d'exception peuvent-elles accueillir des
    exceptions préjudicielles dans les termes des ar-
    ticles 182 du Code forestier et 59 de la loi du
    15 avril 1829 ? — Appréciation d'une théorie de
    M. Mangin.
89. Quelle est l'autorité des décisions des juridictions d'in-
    struction sur les questions préjudicielles à l'action
    publique et sur les questions préjudicielles au ju-
    gement de cette action, si ces juridictions peuvent
    connaître de ces dernières exceptions ?
90. Distinction de M. Faustin-Hélie.
91. Appréciation de cette distinction.

---

55. Les juridictions répressives peuvent-elles, en
général, vérifier l'existence de tous les éléments
constitutifs des infractions qui leur sont déférées, et
même l'existence des conditions dont l'accomplissement est nécessaire pour l'application du châtiment,
bien que ces conditions soient distinctes de l'infraction et ne la constituent pas? — Ont-elles, en tant au
moins qu'elle est indispensable pour le jugement de
l'action publique, tous les pouvoirs qui appartiennent
à la juridiction de droit commun et aux juridictions
d'exception, chargées de l'application de la loi civile?
— Oui, à mon sens ; les juridictions répressives peuvent, accessoirement à l'action publique et pour la

purger, juger ce que jugent, abstraction faite de cette action, les tribunaux civils, les tribunaux de commerce, les juges de paix ; seulement elles ne peuvent, pas plus que les autres dépositaires de l'autorité judiciaire, empiéter sur le domaine de l'autorité administrative. S'il en était autrement, la répression serait trop souvent paralysée, soit par le résultat de transactions et de collusions, soit par l'impossibilité de trouver un contradicteur avec lequel le débat civil pût s'engager.

56. L'art. 3 du Code d'instruction criminelle établit non-seulement que les juridictions pénales ne sont pas incompétentes, *ratione materiæ,* sur les questions de droit civil ; mais encore qu'elles ont le pas sur les juridictions civiles pour ces sortes de questions, quand elles sont liées à l'action publique.

Sans doute l'action civile, engagée isolément de l'action publique, est de la compétence des tribunaux civils : elle peut être déférée à ces tribunaux avant ou après l'exercice de l'action publique ; mais si elle a précédé l'action publique et qu'elle ne soit pas encore jugée au moment où cette dernière action est mise en mouvement, elle est suspendue, paralysée jusqu'au jugement des juridictions répressives. On a voulu, autant que possible, garantir la décision d'intérêt général contre toute influence, contre toute réaction de la décision d'intérêt privé.

On n'a pas dit, et on ne pouvait pas dire, que la seule éventualité de l'action publique suspendrait l'exercice de l'action civile ; on a dit seulement que l'action publique attirerait à elle l'action civile, ou la suspendrait, si elle n'avait pas encore reçu jugement, lorsque la répression serait provoquée. C'est donc l'action publique qui prime et domine l'action civile. Le vœu de la loi, c'est qu'un même juge statue sur les deux actions, et le juge répressif a seul assez de pouvoir pour les purger toutes deux par sa décision. Pour statuer sur l'action privée, quand elle sera jointe à l'action publique, le juge répressif devra résoudre des questions de droit civil, des questions de qualité, de famille, d'état, des questions d'existence de contrat, toutes les questions, en un mot, auxquelles seront subordonnés soit le principe de la responsabilité, soit sa mesure. — Mais comment ce juge, qui appliquera ainsi la loi civile à l'action accessoire, serait-il réputé incapable d'appliquer cette loi à l'action principale, à l'action publique, c'est-à-dire à l'action en vue de laquelle il a été créé ? — Comment ! sur les questions de droit civil, il serait le subordonné des juridictions civiles, quant à l'action publique, lorsqu'il leur est préféré pour l'action civile qui naît des infractions à la loi pénale ?

Comment, dans les limites de la nécessité, et pour vérifier si la sanction pénale a été encourue, le juge répressif ne pourrait-il pas interpréter une loi qu'il interprète pour réparer les lésions privées ?

57. Le juge répressif, dit-on, statue sur l'action civile, contradictoirement avec les intéressés : par suite, son immixtion dans le domaine du droit civil est sans danger, tandis que si, pour purger l'action

publique, il a le pouvoir de résoudre les questions de droit civil que cette action soulève, il les résoudra sans qu'il soit besoin d'appeler ceux dont ces décisions pourront froisser et anéantir les droits.

Cette objection de MM. Delamarre et Le Poitvin est peut-être compromettante pour le système qu'ils défendent. En effet, elle paraît impliquer qu'ils reconnaîtraient au juge répressif compétence pour trancher toutes les questions de droit civil dont la connaissance ne lui est pas enlevée par des textes précis, mais à la condition que tous les intérêts que ces questions mettraient en jeu seraient représentés. L'argument alors n'aurait de portée que sur une difficulté distincte de celle que j'examine en ce moment, c'est-à-dire sur le point de savoir si le jugement criminel a ou n'a pas une autorité absolue, s'il tranche la question civile *ergà omnes* ou s'il la tranche seulement *quòad subjectam materiam*.

J'ai déjà dit qu'il faut avec grand soin séparer deux problèmes qui ont des affinités, sans doute, mais qui ne s'identifient pas : autre chose est la compétence, autre chose la mesure de l'autorité du jugement.

58. Je suis, sur ce point, en plein accord avec la doctrine que la Cour de cassation a émise dans la note du 5 novembre 1813 : « Il est de principe « que tout juge compétent pour statuer sur un « procès dont il est saisi, l'est, par là même, pour « statuer sur les questions qui s'élèvent incidem- « ment dans ce procès, quoique d'ailleurs ces ques-

« tions fussent hors de sa compétence, si elles lui
« étaient proposées principalement; *l. 3, Cod., de*
« *Judiciis; l. 1, Cod., de Ordine Cognit.* Il faut une
« disposition formelle de la loi pour ne pas faire
« une application de ce principe. »

59. On a beaucoup discuté sur le sens des deux fragments invoqués par la Cour de cassation. Le mot *judex* du premier fragment, surtout, a beaucoup exercé les anciens et les nouveaux commentateurs : je ne veux pas prendre part à cette controverse ; d'abord les deux fragments cités ne règlent pas les pouvoirs d'une juridiction criminelle sur une question civile se rattachant à une accusation dont ils sont saisis, mais bien les pouvoirs d'une juridiction civile sur une question qui, considérée isolément, ne serait pas de sa compétence, mais serait de la compétence d'une autre juridiction civile.

En second lieu, tous les interprètes reconnaissent qu'incidemment à la question dont il est saisi, le juge peut examiner la question qui la domine, bien qu'il n'eût pas de compétence sur cette dernière question, si elle se présentait isolément : ils ne se divisent que sur le point de savoir si cet examen était seulement fait *summatim*, et sans que l'appréciation, à titre de motifs, fût réputée une décision absolue, ou si, au contraire, l'examen, bien qu'accessoire et incident, avait des conséquences en dehors du point spécial qui était à résoudre [1].

---

[1] Voir M. de Savigny, *Traité de Droit romain,* traduction

Or, tout cela est étranger à la mesure de la compétence du juge répressif : je fonde ma solution sur l'art. 3 du Code d'instruction criminelle, et je dis, avec M. Mangin, qui malheureusement n'a pas toujours été fidèle à son point de départ : « En règle générale, le juge criminel est compétent pour décider « les questions de droit civil qui se rattachent au fait « de la prévention. L'exercice de l'action publique « n'est pas subordonné à la décision de ces questions par les tribunaux civils. » (*Traité de l'Action publique*, t. 1er, n° 169.) — Voir, pour le système radical contraire, M. De Molènes: *Traité pratique des Fonctions du Procureur du roi*, t. 2, pages 245 et 246.

60. Si les Cours d'assises, les tribunaux correctionnels et les tribunaux de police étaient des juridictions d'exception incompétentes, *ratione materiæ*, pour connaître des questions de droit civil accessoires à l'action publique, elles n'auraient pas été investies du pouvoir de statuer sur les dommages-intérêts réclamés par les parties lésées contre les inculpés, ou, *vice versâ*, par les inculpés contre les parties civiles. (Art. 358, 359, 366, 159, 161, 189, 191, 192, 212, 213 du Code d'instruction criminelle.) Les Cours d'assises ont une juridiction si pleine, si entière, qu'elles peuvent accorder des dommages-

de Guenoux, t. 6, depuis la page 441 jusqu'à la page 450. — Delamarre et Le Poitvin, *Traité du Contrat de commission*, t. 5, depuis la page 235 jusqu'à la page 270.

intérêts à la partie civile contre l'accusé, dans le cas même d'absolution et d'acquittement, c'est-à-dire dans le cas où l'action publique est ou non recevable ou mal fondée. Les tribunaux de police simple ou correctionnelle n'ont, eux, le droit d'accorder des dommages-intérêts contre les prévenus qu'en cas de condamnation, c'est-à-dire accessoirement à l'action publique. En cas d'acquittement, ils ne peuvent accorder des dommages-intérêts que contre la partie civile. Les juridictions répressives qui, à la différence des Cours d'assises, des tribunaux correctionnels, des tribunaux de simple police, ne constituent qu'une juridiction d'exception, comme les tribunaux militaires, les conseils de préfecture, la haute-cour de justice, ne peuvent statuer sur les intérêts civils. (Avis du Conseil d'État du 29 août 1809. — Cassation, 23 octobre 1817 ; *Bulletin*, n° 101. — Arrêt de la Cour des pairs du 29 novembre 1830 ; Dalloz, 1831-2-43. — Mangin, *de l'Instruction écrite*, t. 2, page 396.)

61. A la vérité, deux lois spéciales ont décidé que, lorsque l'inculpé invoque, comme moyen de défense exclusif de l'existence de l'infraction, un droit de propriété immobilière, ou au moins un droit réel sur un immeuble, il peut obtenir un délai pour faire juger cette question par les tribunaux compétents.

Je lis l'art. 182 du Code forestier : « Si, dans une « instance en réparation de délit ou contravention, « le prévenu excipe d'un droit de propriété ou autre

« droit réel, le tribunal, saisi de la plainte, statuera
« sur l'incident, en se conformant aux règles sui-
« vantes : — L'exception préjudicielle ne sera admise
« qu'autant qu'elle sera fondée soit sur un titre ap-
« parent, soit sur des faits de possession équiva-
« lents, personnels au prévenu et par lui articulés
« avec précision, et si le titre produit ou les faits
« articulés sont de nature, dans le cas où ils seraient
« reconnus par l'autorité compétente, à ôter au fait
« qui sert de base aux poursuites tout caractère de
« délit ou de contravention. — Dans le cas de renvoi
« à fins civiles, le jugement fixera un bref délai
« dans lequel la partie qui aura élevé la question
« préjudicielle devra saisir les juges compétents de
« la connaissance du litige et justifier de ses dili-
« gences ; sinon il sera passé outre. Toutefois, en
« cas de condamnation, il sera sursis à l'exécution du
« jugement, sous le rapport de l'emprisonnement,
« s'il était prononcé, et le montant des amendes,
« restitutions et dommages-intérêts, sera versé à la
« caisse des dépôts et consignations, pour être remis
« à qui il sera ordonné par le tribunal, qui statuera
« sur le fond du droit. »

Ce texte avait un précédent dans l'art. 12, titre 3,
de la loi des 15-29 septembre 1791, sur l'administration forestière : « Si, dans une instance en répara-
« tion de délit, il s'élevait une question incidente de
« propriété, la partie qui en exciperait serait tenue
« d'appeler le *procureur général syndic* du dépar-
« tement de la situation des bois, et de lui fournir

« copie de ses pièces dans la huitaine du jour où
« elle aurait proposé son exception; à défaut de quoi
« il serait provisoirement passé outre au jugement
« du délit, *la question de propriété demeurant ré-*
« *servée.* »

Je lis l'art. 59 de la loi du 15 avril 1829, sur
la pêche fluviale : « Si, dans une instance en ré-
« paration de délit, le prévenu excipe d'un droit de
« propriété ou tout autre droit réel, le tribunal saisi
« de la plainte statuera sur l'incident. — L'excep-
« tion préjudicielle ne sera admise qu'autant qu'elle
« sera fondée soit sur un titre apparent, soit sur des
« faits de possession équivalents, articulés avec préci-
« sion, et si le titre produit ou les faits articulés sont
« de nature, dans le cas où ils seraient reconnus par
« l'autorité compétente, à ôter au fait qui sert de
« base aux poursuites tout caractère de délit. —
« Dans le cas de renvoi à fins civiles, le jugement
« fixera un bref délai dans lequel la partie qui aura
« élevé la question préjudicielle devra saisir les juges
« compétents de la connaissance du litige et justifier
« de ses diligences, sinon il sera passé outre. Toute-
« fois, en cas de condamnation, il sera sursis à
« l'exécution du jugement sous le rapport de l'em-
« prisonnement, s'il était prononcé, et le montant
« des amendes, restitutions et dommages-intérêts,
« sera versé à la caisse des dépôts et consignations,
« pour être remis à qui il sera ordonné par le tri-
« bunal qui statuera sur le fond du droit. »

62. Ces deux articles soulèvent trois questions.

1° Sont-ils des lois spéciales en ce sens qu'ils ne soient applicables qu'en matière forestière et qu'en matière de pêche?

2° Sont-ils des lois spéciales en ce sens au moins qu'ils ne soient applicables, que la matière soit ou ne soit pas forestière, qu'aux exceptions déduites de l'existence d'un droit de propriété ou de tout autre droit réel sur des immeubles?

3° Sont-ils des lois spéciales en ce sens au moins qu'ils ne soient applicables que par les tribunaux de police ou par les tribunaux de police correctionnelle?

63. Ce qui pourrait porter à penser que ces textes ne sont que des dérogations au droit commun, c'est que dans ces matières, le contradicteur devant la juridiction civile ne sera pas toujours nécessairement la partie poursuivante devant la juridiction répressive. Ainsi, en matière forestière, s'il s'agit de la propriété apparente d'une commune ou d'un établissement public, le procès civil s'engagera avec le maire ou avec les administrateurs de l'établissement ; s'il s'agit d'un bois, propriété apparente de l'Etat, c'est avec le préfet du département, et non avec l'administration forestière, que le débat aura lieu devant la juridiction civile[1]. — Cependant, l'article 182 ne fait pas de distinction entre le cas où la poursuite est faite à la requête du ministère public ou de l'administration forestière, et le cas où

____

[1] V. Meaume, t. 2, p. 820.

elle est faite à la requête d'une partie privée, à la requête du représentant de la propriété. Or, dans ce dernier cas, l'inculpé a le même adversaire devant les deux juridictions. Pourquoi donc dessaisit-il toujours la juridiction répressive de la question d'existence de droit réel, si la question paraît sérieuse ?

La Cour de cassation avait, il est vrai, dans un arrêt du 17 août 1837 (Dalloz, 38-1-411), introduit la distinction, et elle avait jugé que l'obligation de justifier devant la juridiction civile le moyen de défense, n'était imposée au prévenu que dans le cas de poursuite au nom du ministère public ou de l'administration forestière ; mais elle a abandonné cette jurisprudence, par arrêt du 13 septembre 1845 (Dalloz, 45-1-382), et elle a finalement décidé que l'art. 182 régirait les contestations entre particuliers sur des droits réels.

64. Si cette nouvelle jurisprudence est fondée, et je le crois, les art. 182 du Code forestier et 59 de la loi du 15 avril 1829 n'ont plus de base qui soit particulière aux matières forestières et fluviales, puisqu'ils s'appliquent dans le cas même où l'inculpé rencontre, devant la juridiction répressive, les contradicteurs avec lesquels il doit lutter devant la juridiction où il est renvoyé.

65. Pourquoi donc les tribunaux répressifs ont-ils la faculté de renvoyer à une autre juridiction l'appréciation de l'existence des droits réels exclusifs des infractions dont ils sont saisis ? Pourquoi ne conservent-ils pas pour eux-mêmes cette appréciation ? — Il est à

remarquer d'abord, qu'ils n'en sont pas absolument dessaisis; en effet, si le moyen ne leur paraît pas sérieux, ils ne s'y arrêtent pas, ils statuent sur l'existence de l'infraction; ils jugent le moyen, puisqu'ils le repoussent. (Cass., 14 octobre 1853, 2ᵉ considérant; Dev. et Car., 54-1-157.)

Sous ce premier rapport, le texte est précis ; mais je prends l'hypothèse contraire : le droit réel opposé ne paraît pas contestable, il est péremptoirement établi. A quoi bon un sursis? Les tribunaux répressifs ne devraient-ils pas affranchir immédiatement l'inculpé de la poursuite? — Mais, dit-on, ils ne sont pas compétents pour statuer sur l'existence d'un droit immobilier. C'est ce que je conteste. Les tribunaux répressifs sont, suivant moi, compétents pour connaître, accessoirement à l'action publique, des questions de droit civil que cette action soulève. Comment, quand ils ne doivent pas tenir compte d'une exception de droit civil qui leur paraît dénuée de valeur, ne pourraient-ils pas accueillir, sans les lenteurs d'une procédure inutile, une exception de droit civil qui leur semble à l'abri de toute loyale controverse? Pourquoi, compétents pour écarter *de plano* l'exception, seraient-ils incompétents pour l'accueillir *de plano*, en rejetant immédiatement la poursuite?

66. Le renvoi devant la juridiction civile, quand il a eu lieu, n'a pas pour cause le défaut absolu de pouvoir pour juger. Deux considérations l'expliquent : 1° la nature des infractions auxquelles s'applique l'exception préjudicielle. Les actions qui

n'ont d'autre résultat que la destruction de la propriété ou le dommage causé à la propriété, lorsqu'elles sont sans danger direct pour la chose publique, ne deviennent passibles de peines que lorsqu'elles se sont accomplies sans le consentement de l'intéressé. Sans ce consentement, elles constituent des troubles à l'ordre, des atteintes à des titres que la société est chargée de défendre ; avec le consentement de l'intéressé, elles n'auraient rien d'illicite. Eh bien ! quel est l'intéressé, quel est le représentant de la propriété détruite ou détériorée ? Qu'importe au pouvoir social, si l'auteur de la destruction ou du dommage peut dire : *feci, sed jure feci ?*

L'intérêt public n'est plus en jeu, et l'on comprend que dans le doute, là où il n'y a pas à craindre de transactions et de collusions au détriment d'un intérêt public qui n'est pas véritablement en cause, la loi se borne à impartir au prévenu un délai pour faire juger que le droit dont on lui reproche la violation est un droit qui lui appartient et dont par conséquent il a pu disposer.—2° La loi présume que la difficulté de droit civil, si elle s'applique à une propriété immobilière ou à un droit réel sur un immeuble, pourra nécessiter une instruction qui trouvera plus de garantie dans la procédure suivie devant les juridictions civiles.

67. Quoi qu'il en soit, ce n'est que dans le cas où l'inculpé se prévaut d'un droit dont il ne justifie pas pleinement l'existence par la représentation d'un titre certain ou par une possession susceptible de

faire présumer ce titre, c'est-à-dire, dans le cas où il oppose une exception qui l'appelle à jouer le rôle de demandeur, que le renvoi devant la juridiction civile doit avoir lieu. *Reus excipiendo fit actor.*

L'exception doit être fondée sur un titre apparent, ou sur des faits de possession équivalents. Les faits de possession, pour servir de base à la demande en renvoi, doivent donc être l'équivalent, non d'un titre de propriété, mais d'un titre apparent [1].

Je dis que, dans les matières où l'action possessoire est admissible, l'inculpé, s'il est reconnu qu'il a la possession annale du droit exclusif de l'infraction, est présumé investi de ce droit, et doit, sans qu'il ait besoin de réclamer un sursis, être abrité, au moins en l'état, contre toute condamnation. Si sa possession annale est contestée, il n'a de sursis à réclamer que pour se faire déclarer possesseur. Sans doute la partie lésée peut prétendre que cette possession est le résultat d'une usurpation, que la pré-

---

[1] *Sic*, De Molènes, *Traité pratique des Fonctions du Procureur du Roi.* — Duvergier, *sous l'art.* 59 *de la loi du* 15 *avril* 1829. — Coin-Delisle, *Commentaires sur le Code forestier*, t. 2, p. 174. — M. Meaume, t. 2, n° 1295. — Cassation, 23 janvier 1844; *Journal du Palais*, 44, t. 1ᵉʳ, p. 252. — Cassation, 3 août 1844; Devil. et Car., 45-1-127. — *Contrà*, Nîmes, 6 juillet 1854; Devil. et Car., 55-2-65. Voir sur cet arrêt la note de réfutation de M. Gilbert. — La note de la Cour de cassation du 5 novembre 1813 exige que la possession alléguée entraîne celle de la propriété, ou *qu'elle soit l'effet d'un titre qui suppose cette propriété.* Ces derniers mots n'ont pas un sens très-net.

somption est contraire à la vérité ; mais ce soutien ne saurait avoir d'autre effet que d'engager le juge répressif à ne pas rejeter l'action d'une manière absolue, et à accorder au plaignant un sursis pour faire statuer sur le pétitoire.

C'est justement peut-être parce que la possession, réunissant certaines conditions, fait présumer le droit, mais ne le prouve pas, que le prévenu qui n'a pas cette possession, c'est-à-dire qui n'a pas la présomption de titre, peut réclamer un sursis pour établir que c'est à lui qu'en réalité appartient le titre dont l'absence supposée sert de fondement à la poursuite. N'est-ce pas parce que la propriété immobilière et les droits qui la grèvent peuvent en général être l'objet de deux actions, d'une action qui tend à faire présumer *provisoirement* le titre, et d'une autre qui tend à établir *définitivement* l'existence de ce titre, que la loi ménage à la défense la possibilité de réclamer un renvoi devant la juridiction civile, pour qu'elle use, suivant les cas, de l'une ou de l'autre ressource ? Je ne donne pas cette explication comme l'explication principale des art. 182 du Code forestier et 59 de la loi du 15 avril 1829 : elle n'a pour moi qu'une valeur secondaire, parce que l'application de ces articles n'est pas subordonnée à la condition que l'action possessoire soit recevable.

Si le renvoi devant les tribunaux civils est fondé sur les motifs que j'indique, il est d'évidence qu'il peut être ordonné par les tribunaux de simple police, dans des matières autres que les matières forestières et les matières de pêche fluviale. Les art. 182 et 59 ont consacré pour des matières spéciales les principes que la jurisprudence avait depuis longtemps appliqués aux exceptions déduites d'un droit de propriété ou de tout autre droit réel sur un immeuble, lorsque le droit invoqué était exclusif de l'infraction.

68. Les tribunaux correctionnels ou les tribunaux de police peuvent-ils se dessaisir de la connaissance d'exceptions de droit civil ne soulevant pas des questions de propriété immobilière ?

Je suppose que, dans une prévention de vol, le prévenu dise : le meuble que vous m'accusez d'avoir volé m'appartient. Son moyen de défense soulève une question civile, une question de propriété mobilière. —Si la question paraît sérieuse, le tribunal correctionnel pourra-t-il la renvoyer devant la juridiction civile ?—Non : la règle reprend son empire, le juge répressif est compétent pour vérifier l'existence de tous les éléments constitutifs de l'infraction et il n'y a pas de vol de sa propre chose. Sans doute, cette question de propriété mobilière pourrait être débattue entre le plaignant et le prévenu, sans que l'ordre public fût directement intéressé à la solution, puisque le seul intérêt de la société est de protéger le véritable représentant du droit. La collusion n'est pas à craindre. Mais cette question n'est pas présumée susceptible de difficultés assez graves pour nécessiter un renvoi devant une autre juridiction. Le doute, d'ailleurs, ne suffirait-il pas pour exclure la preuve de l'intention criminelle, sans laquelle il n'y a pas de vol[1] ?

Les art. 34 et 46 de la loi du 5 juillet 1844, sur les brevets d'invention, ne sont que la consécration de cette doctrine : « Art. 34. L'action en nullité et « l'action en déchéance pourront être exercées par « toute personne y ayant intérêt. Ces actions, ainsi « que toutes contestations relatives à la propriété des « brevets, seront portées devant les tribunaux civils « de première instance.—Art. 46. Le tribunal cor- « rectionnel, saisi d'une action pour délit de contre- « façon, statuera sur les exceptions qui seraient ti- « rées par le prévenu, soit de la nullité ou de la « déchéance du brevet, soit des questions relatives à « la propriété dudit brevet. »

69. Je suppose maintenant que la poursuite correctionnelle a pour objet un abus de mandat, une violation de dépôt ; le délit suppose la préexistence d'un contrat civil, puisque l'infraction consiste dans la violation de ce contrat : c'est l'existence du contrat que le prévenu conteste. Devant la juridiction civile, la preuve du mandat ou du dépôt, si l'intérêt excède 150 fr., ne peut se faire par témoins, sauf le cas d'un commencement de preuve par écrit. Le tribunal correctionnel devra-t-il renvoyer devant la juridiction ci-

---

[1] Voir en ce sens la note de la Cour de cassation, du 5 novembre 1813, n° 5.—Achille Morin, *Répertoire*, v° *Questions préjudicielles*, n° 20.—*Contrà*, M. De Molènes, *des Fonctions du Procureur du Roi*, t. 2, p. 248-252.

vile pour faire cette preuve ? Non évidemment : l'inculpé n'a de sursis à réclamer qu'autant que le moyen de défense qu'il oppose le constitue demandeur, lui impose le fardeau d'une justification.—Qu'irait-il faire devant le tribunal civil? Entreprendre une preuve négative ? C'est au ministère public ou à la partie civile qu'il incombe d'établir l'existence du mandat ou du dépôt dont ils veulent faire réprimer la violation ; et cette preuve, ils ne pourront la faire que conformément aux règles de la loi civile, parce que le mode de preuve dépend de la nature du fait à prouver et non de la nature de la juridiction saisie [1].

70. S'il s'agissait d'un détournement de deniers par un dépositaire public, dans le cas, par exemple, de l'art. 171 du Code pénal (j'écarte provisoirement les art. 169 et 170 du même Code, pour rester dans les matières correctionnelles), la question de savoir si le comptable est ou n'est pas débiteur par suite de mandat ou de dépôt, s'il est ou s'il n'est pas reliquataire, n'appartiendrait pas aux juges répressifs : elle appartiendrait au pouvoir administratif. Pourquoi? Le juge répressif est investi, à titre d'accessoire, de la juridiction civile ; il n'est et ne saurait être investi, à titre d'accessoire, de la juridiction administrative.

---

[1] Voir en ce sens la note du 5 novembre 1813, n°s 2 et 3.—Cassat., 13 mars 1840 ; *Journal du Palais*, t. 1er, 1841, p. 12. —Cassat., 17 juillet 1841 ; Dalloz, 1841-1-423.—Cassat., 12 avril 1844 ; *Journal du Palais*, t. 2, 1844, p. 539.—Cassat., 15 novembre 1844 ; Devill. et Car., 45-1-398.

(Cassat., 26 novembre 1842 ; *Journal du Palais*, t. 2, 1843, p. 529.—G. Delisle, *Traité de l'Interprétation juridique*, t. 2, p. 262 et 263.)

71. Si un acte authentique constatant le mandat ou le dépôt était rapporté, et que l'inculpé s'inscrivît en faux, il opposerait un moyen qui le constituerait demandeur. Le juge répressif aurait alors à statuer sur l'admission de l'inscription de faux et des moyens de faux.—S'il les accueillait, de deux choses l'une : ou l'action publique pourrait être exercée, parce que l'auteur présumé serait vivant et que la prescription ne serait pas accomplie, et, dans ce cas, l'accusation serait suivie criminellement, aux termes de l'art. 460 du Code d'instruction criminelle ; ou bien, au contraire, la procédure en faux incident serait la seule procédure possible, et, dans ce cas, aux termes de l'art. 459 du même Code, cette procédure serait suivie devant la juridiction saisie de l'affaire principale. Mais pourquoi la procédure en faux incident n'est-elle pas renvoyée devant le tribunal civil, puisque l'inculpé oppose un moyen qui le constitue demandeur ? C'est que, s'il est vrai qu'il n'y a jamais lieu à sursis qu'autant que le prévenu oppose un moyen qui le constitue demandeur, il n'est pas vrai que le sursis doive ou même puisse toujours être prononcé, quand le moyen de défense impose à l'inculpé le fardeau d'une preuve à faire. C'est ainsi que lorsque l'inculpé se prévaut de l'existence d'un droit mobilier, il n'y a jamais lieu à renvoi. Il s'agit d'une question que toutes les juridictions sont présumées aptes à bien juger. La ques-

tion de faux incident, par sa nature, ne trouve-t-elle pas autant de garanties dans les juridictions répressives que dans les autres juridictions ?

Ce que je dis d'une inscription de faux contre un acte authentique, je le dis à plus forte raison d'une méconnaissance d'écriture et de signature d'un acte sous seing privé. La juridiction répressive peut, accessoirement à l'action publique, juger ces exceptions. L'art. 459 du Code d'instruction criminelle est pour moi la preuve décisive que les tribunaux répressifs ne sont pas des tribunaux d'exception, dans le sens où les mots *tribunaux d'exception* sont appliqués aux tribunaux de commerce. — L'article 427 du Code de procédure civile, sous la rubrique *Procédure devant les tribunaux de commerce,* décide que, si une pièce produite est méconnue, déniée ou arguée de faux, et que la partie persiste à s'en servir, le tribunal renverra devant les juges qui doivent en connaître, c'est-à-dire, devant le tribunal civil, s'il s'agit d'un faux incident.

72. S'agit-il du délit d'habitude d'usure, la juridiction répressive devra rechercher si les divers contrats reprochés à l'inculpé renferment, avec ou sans déguisement, des stipulations usuraires.

S'agit-il d'une escroquerie dont le résultat a été de surprendre un titre, la juridiction répressive appréciera le titre, les conditions dans lesquelles il a été souscrit.—Comment, en effet, séparer le contrat du délit dont on soutient que le contrat a été la réalisation ?

73. N'est-il pas au moins un moyen de défense dont les tribunaux correctionnels ne peuvent connaître ? — Lorsque le prévenu soulève une question d'état dont la solution en un certain sens écarterait la prévention, le tribunal correctionnel peut-il juger cette question ? — Une femme est poursuivie pour adultère : elle nie l'existence du mariage ; aucun acte de célébration n'est et ne peut être rapporté. Est-ce qu'il faudra renvoyer devant le tribunal civil ? La femme n'a rien à prouver. Pourquoi l'obligerait-on à introduire une instance devant une juridiction autre que celle où elle a été traduite ? Vainement objecterait-on que les juridictions répressives ne peuvent pas connaître des questions d'état : ce prétendu principe n'est écrit nulle part. L'article 198 du Code Napoléon suppose un principe contraire. Quant à l'art. 327, si je l'ai bien interprété, *il ne s'applique qu'à la filiation des enfants légitimes et aux réclamations que peut faire naître leur suppression d'état :* c'est au reste ce qu'a proclamé la Cour de cassation dans l'arrêt déjà cité du 14 octobre 1853, dont je viens d'emprunter les expressions, et dont on pourrait dire que cette étude tout entière n'est que le développement [1].

Si l'art. 327 est une exception pour une certaine espèce de questions d'état, il laisse sous l'empire du droit commun, non-seulement les questions de

___

[1] Devill. et Car., 54-1-157.

mariage, mais toutes les questions d'état, quelles qu'elles soient, qui ne sont pas exceptées.

Au reste, comme les exceptions déduites de questions d'état se présentent plus souvent devant les Cours d'assises que devant les tribunaux correctionnels, j'ajourne, pour ne pas scinder mes développements et pour éviter des redites, une discussion qui sera mieux placée quand je m'occuperai du point de savoir si les art. 182 du Code forestier et 59 de la loi du 15 avril 1829 sont, au grand criminel, la loi des juridictions répressives.

74. Je me borne à dire que, lorsqu'une question d'identité d'un individu condamné, évadé et repris, est soulevée, la question, aux termes des art. 518 et 519 du Code d'instruction criminelle, est jugée par le tribunal qui a prononcé la condamnation. Les art. 518 et 519 parlent de la Cour qui a prononcé la condamnation ; mais la jurisprudence a décidé, avec beaucoup de raison, *qu'il y a parité de motifs pour régler la compétence à l'égard des condamnés en matière correctionnelle, comme à l'égard des condamnés au grand criminel ; que cette attribution spéciale est en quelque sorte commandée par la nature du délit d'évasion, puisque c'est là où a été prononcée la condamnation, que se trouvent les éléments de preuve propres à établir l'identité ou la non-identité de l'individu condamné, évadé et repris.* (Cassat., 11 juillet 1834 ; Devill. et Car., 34-1-739).

75. Le principe, déposé dans l'art. 182 du Code

forestier et dans l'art. 59 de la loi du 15 avril 1829, est-il applicable aux Cours d'assises?

Ce qui peut inspirer de l'hésitation, c'est que la Cour d'assises constitue une juridiction complexe, une juridiction composée de juges chargés de l'application de la loi et de juges chargés de vérifier la culpabilité. A laquelle de ces deux classes de juges confierait-on le soin de déclarer s'il y a lieu à sursis? — Serait-ce au jury, juge souverain du fait et des éléments qui écartent ou constituent la criminalité? Mais le jury ne rend qu'un unique verdict, et cela après la clôture des débats, pour purger l'accusation; il ne rend ni décisions préparatoires, ni décisions interlocutoires : la faculté de surseoir ne pourrait donc être exercée que par la Cour. Une objection alors se présente : est-ce que la Cour aura le pouvoir exorbitant de dessaisir le jury, après l'ouverture du débat, d'une affaire qui lui était dévolue? Est-ce qu'elle aura ce pouvoir en dehors des cas prévus par les art. 354, 331, 406 du Code d'instruction criminelle? Oui, ces articles sont énonciatifs et non limitatifs. (Cassation, 14 septembre 1837; Cassation, 11 juillet 1839; Devill. et Car., 39-1-420 ; 40-1-830.) La Cour exerce un pouvoir plus étendu, et qui, cependant, ne lui a jamais été contesté, quand, par l'admission d'une exception de prescription, d'amnistie, de chose jugée, elle empêche la nécessité du débat, et dérobe la cause à la connaissance, non pas de tel jury déterminé, mais de tout jury. (Mangin, t. 2, n° 373, p. 255.)

76. Remarquez que, d'après moi, la faculté qui

appartient à la Cour de surseoir ne peut être exercée qu'autant que l'accusé oppose une exception de
propriété immobilière ou de droit réel immobilier,
qui le place sous l'empire de la maxime : *Reus excipiendo fit actor*, ou bien encore un moyen de défense
dont l'appréciation soit du ressort de l'administration
ou du pouvoir exécutif, par exemple, en cas d'ex-
tradition dont la légalité serait l'objet d'une contestation sérieuse. (Cassation, 15 mars 1822 ; 16
juin 1822 ; S., 22-1-429 et 431. — Cassation, 9
mai 1845 ; *Bulletin*, n° 164. — Mangin, *de l'Action
publique*, n° 238. — Faustin-Hélie, t. 2, § 136,
p. 712.)

77. Ainsi, un crime est commis à l'étranger, au
préjudice d'un Français : l'auteur de ce crime, arrêté
en France, est poursuivi devant la juridiction française ; il prétend qu'il n'est pas français et invoque
l'art. 7 du Code d'instruction criminelle : la pénalité
de la loi française n'est applicable qu'à la condition
que l'agent ait la qualité de français. La question de
nationalité ou d'extranéité de l'agent sera-t-elle renvoyée devant les tribunaux civils ? Non, sur cette
question l'inculpé n'a pour contradicteur que le ministère public : il ne peut même en avoir d'autre si
la partie lésée ne s'est pas constituée partie civile,
si elle s'est bornée à dénoncer le fait, sans réclamer
de dommages et intérêts. Contre qui intenterait-il
son action pour faire juger qu'il est étranger ? D'ailleurs, l'inculpé n'a pas à jouer sur cette question
d'état le rôle de demandeur ; il est défendeur et il

incombe à l'accusateur d'établir l'existence et du fait punissable et de toutes les conditions sans lesquelles ce fait ne pourrait être puni.

78. Qui jugera cette question d'état? Sera-ce le jury? Non : la nationalité de l'agent civil n'est pas un élément de l'incrimination, c'est une condition de l'application de la loi pénale française aux faits commis sur un territoire étranger. Cette condition ne se rattache par aucun lien au fait spécial, objet de l'accusation, du moment où il est constant que ce fait s'est produit en dehors de la France. La question de savoir si, à raison du temps ou du lieu où il s'est accompli, un fait échappé à la pénalité française est une question dont la solution peut amener, non l'*acquittement*, mais l'*absolution* de l'accusé. L'exception contre la recevabilité de l'action publique, à raison du temps, c'est le moyen de prescription, et tous reconnaissent que la connaissance de cette exception appartient à la Cour d'assises. L'exception contre l'action publique, à raison du lieu où l'acte s'est passé et de la qualité de l'agent, est une exception du même genre, une exception extrinsèque à l'acte, une sorte d'égide contre la peine. C'est ainsi que la circonstance de la récidive, parce qu'elle est extrinsèque à l'infraction, est appréciée par la Cour d'assises et non par le jury. (Voir mon *Cours de Code pénal*, p. 450.)

79. Un agent est poursuivi comme coupable de banqueroute frauduleuse : la qualité de commerçant de l'agent et sa cessation de payements ne sont pas

« certainement des éléments constitutifs de la banqueroute, mais elles sont des conditions sans lesquelles
la banqueroute n'existe pas dans le sens de la loi pénale. (591, 592, Code de commerce, 402 et 403,
Code pénal.) L'inculpé soutient qu'il n'est pas commerçant, et que, d'ailleurs, il n'a pas cessé ses
payements : il objecte l'absence de tout jugement
déclaratif de faillite (440, Code de commerce); cette
question devra-t-elle être renvoyée devant le tribunal
de commerce du domicile de l'inculpé? Non : sur
cette question, l'accusé a encore pour contradicteur
naturel le ministère public; il ne peut en avoir
d'autre, s'il n'y a pas de partie civile; contre qui
intenterait-il son action, en cas de silence de ses
créanciers et d'inertie du tribunal de commerce,
qui n'use pas du droit qu'il a d'agir d'office? Enfin,
il n'a pas à subir le rôle de demandeur et les conditions que ce rôle impose; la preuve de la qualité
commerciale et de la cessation des payements est à
la charge de l'accusateur.

80. Deux profonds jurisconsultes, MM. Delamarre
et Le Poitvin, professent une théorie radicale qui
prévient cette difficulté. — Ils soutiennent que le
ministère public ne peut poursuivre un commerçant
pour banqueroute frauduleuse, qu'après que ce commerçant a été déclaré en état de faillite par le tribunal de commerce de son domicile, dans les termes
de l'art. 440 du Code de commerce, et ils fondent
principalement cette solution sur l'art. 483 du même
Code. Ils créent ainsi, non pas une exception *pré-*

judicielle au jugement, mais une *exception préjudicielle à l'action* : ils suppléent, sous prétexte
d'intérêt public, de nécessité de discrétion commerciale et d'exigences du crédit, une disposition dans
le genre de la disposition de l'art. 327 du Code
Napoléon.

81. Je n'ai point à apprécier leur opinion au point
de vue législatif : je reconnais qu'ils la défendent
par des raisons au moins très-spécieuses ; mais cette
opinion n'est-elle pas en contradiction avec les textes?
Je le crois profondément, malgré la verve et la
vigueur de discussion des deux savants auteurs. —
L'art. 483 du Code de commerce est un article énon-
ciatif et non un article limitatif des droits du ministère public. Il n'est pas surtout exclusif de droits
écrits dans la loi générale. Sans doute, après la
déclaration de faillite, le greffier, le juge-commissaire,
doivent fournir au procureur impérial des rensei-
gnements qui le mettent en demeure d'exercer sa
surveillance ; mais les avertissements qui provoquent,
qui facilitent son action, ne lui enlèvent pas son
droit d'initiative. (Art. 459 et 583, Cod. com.)

Que si des termes de l'art. 440, et si l'on veut
de l'ensemble de tous les articles de la loi commerciale, on peut légitimement tirer la conséquence que
l'organisation du régime de la faillite suppose un
jugement déclaratif du tribunal de commerce. il n'est
pas pour cela permis de conclure que le fait de la
faillite, qui consiste dans la cessation de payements
du commerçant, ne peut pas être reconnu, soit par

les tribunaux civils, accessoirement aux contestations dont ils sont saisis, soit par les tribunaux répressifs, accessoirement à l'action publique, quand le bien fondé de cette dernière action est subordonné à l'existence de ce fait. Ne faudrait-il pas un texte bien précis pour admettre qu'une juridiction d'exception, le tribunal de commerce, ait le droit d'empêcher la répression d'un crime quelconque, ce crime s'attaquât-il plus directement aux intérêts commerciaux qu'aux autres intérêts de la société? Si, aux termes de l'art. 601 du Code de commerce, qui déroge en ce point à l'art. 3 du Code d'instruction criminelle, les actions civiles, en matière de faillite, restent séparées des poursuites criminelles, et si les dispositions relatives *aux biens* ne peuvent être évoquées aux tribunaux de police correctionnelle ou aux Cours d'assises, l'indépendance de l'action publique ne reçoit aucune atteinte [1].

82. MM. Delamarre et Le Poitvin, après avoir soutenu que l'exercice de l'action publique, pour banqueroute frauduleuse, était subordonné à la condition d'une déclaration de faillite, par le tribunal de commerce du domicile du failli, prennent une sorte de conclusion subsidiaire : ils prétendent, en effet, qu'au moins, dans tous les cas, l'accusé, en contestant sa qualité

---

[1] Voir Cassat., 11 août 1837 ; Devil. et Car., 37-1-1026. — Legraverend, t. 1er, p. 25. — Carnot, t. 2, p. 359. — Mangin, *Action publique*, no 420. — *Théorie du Code pénal*, t. 5, p. 324. — Faustin-Hélie, *Instruction criminelle*, t. 3, p. 36 et 37.

de commerçant ou le fait de la cessation de ses payements, opposerait une exception préjudicielle au jugement, exception qui nécessiterait le renvoi devant la
juridiction consulaire. La qualité commerciale, la circonstance de la cessation des payements ne sont pas,
disent-ils, des faits, des éléments (ils emploient cette
expression, bien qu'ils la critiquent) compris dans
l'incrimination de la banqueroute frauduleuse. L'habitude des actes de commerce et la cessation des payements n'impliquant par elles-mêmes aucune idée de
criminalité, comment pourraient-elles, c'est là leur
argument, contribuer à constituer le crime de banqueroute frauduleuse ? « Si la faillite était un *élément*
« *du crime de banqueroute,* ces deux faits seraient
« aussi inséparables que les éléments d'un corps
« mixte le sont du corps mixte, et réciproquement,
« sans que ce corps cessât d'exister. Alors donc, il
« ne pourrait pas plus y avoir de faillite sans banque-
« route, qu'il ne peut y avoir de banqueroute sans
« faillite, et nous nous abstenons de dire à quoi con-
« duirait une pareille doctrine. »

Le vice de cet argument consiste à supposer que
chacune des circonstances dont le concours est nécessaire pour entraîner l'application d'une pénalité, doit
être, prise isolément, punissable par elle-même et
pour elle-même, et être au moins le commencement
de la violation d'une loi pénale.

Dans ce système, s'il était question d'un abus de
mandat, le juge répressif ne pourrait connaître de
l'existence du mandat, sous le prétexte que le man-

dat est en soi une chose fort licite et qu'il n'est pas une portion intégrante de l'abus. Le crime de banqueroute suppose l'habitude des actes de commerce, et la cessation des payements, absolument comme l'abus de mandat, suppose le mandat.

La qualité commerciale et l'inexécution des engagements ne sont, par elles-mêmes, ni des tentatives de banqueroute, ni des actes préparatoires à ce crime; elles sont seulement des conditions sans lesquelles le crime de banqueroute frauduleuse ne saurait être commis. .

Je lis l'art. 591 du Code de commerce : « Sera « déclaré banqueroutier frauduleux, et puni des peines « portées au Code pénal, *tout commerçant failli* qui « aura soustrait ses livres, détourné ou dissimulé une « partie de son actif, ou qui, soit dans ses écritures, » soit par des actes publics ou des engagements sous « signature privée, soit par son bilan, se sera frau- « duleusement reconnu débiteur de sommes qu'il ne « devait pas. »

La reconnaissance qu'un agent est coupable du crime de banqueroute, implique-t-elle, oui ou non, d'après les conditions d'incrimination précisées par cet article, l'affirmation que l'accusé est commerçant et failli ?

Si oui, le juge répressif chargé de résoudre une question complexe ne peut, pour aucune partie de la question sur laquelle il est interrogé, être contraint par une décision antérieure, ou être obligé d'attendre une décision à intervenir : sa réponse tout

entière doit être l'expression de sa conviction person-
nelle.

Dans le système que je combats, l'action publique
pour le crime de banqueroute frauduleuse serait
irrecevable, lorsqu'un jugement du tribunal de
commerce aurait déjà nié ou la qualité commerciale,
ou la cessation de payements. L'action publique serait
au contraire en partie justifiée, et n'appellerait
plus de vérification, lorsqu'un jugement du tribunal
de commerce aurait antérieurement reconnu l'existence des deux circonstances sans lesquelles il ne
peut pas y avoir de banqueroute. La juridiction
consulaire ferait la loi de la juridiction criminelle :
juridiction civile, quoique juridiction d'exception,
elle ne saurait faire la loi au profit de l'accusé.
Elle ne peut pas davantage faire la loi contre
l'accusé, et sous ce dernier rapport MM. Delamarre
et Le Poitvin critiquent avec beaucoup de raison
l'opinion de M. Renouard, qui professe que le jugement
du tribunal de commerce sur la faillite, lie ou ne
lie pas le juge répressif, suivant qu'il a déclaré ou
refusé de déclarer l'existence de la faillite [1].

83. L'art. 597 du Code de commerce soulève
la même question devant les tribunaux correctionnels :
« Le créancier qui aura stipulé, soit avec le failli,
« soit avec toutes autres personnes, des avantages
« particuliers à raison de son vote dans les déli-

[1] M. Renouard, t. 2, p. 449.—Delamarre et Le Poitvin,
Contrat de commission, t. 5, p. 245 et 246.

« bérations de la faillite, ou qui aura fait un traité
« particulier duquel résulterait en sa faveur un
« avantage à la charge de l'actif du failli, sera
« puni correctionnellement d'un emprisonnement
« qui ne pourra excéder une année et d'une amende
« qui ne pourra être au-dessus de 2,000 fr. » —
Le créancier prévenu d'avoir stipulé un avantage à
la charge de l'actif du failli, peut-il demander le
renvoi devant la juridiction consulaire de la question
de savoir si son débiteur est commerçant et failli ?
Non, a répondu avec raison la Cour de cassation,
parce que le juge répressif est juge de l'exception
lorsque la connaissance de cette exception ne lui a
pas été spécialement enlevée. (Cassat., 23 avril 1841 ;
Cassat., 3 avril 1846 ; Dalloz 1841-1-414 ; 1846-
1-163.)

84. Les développements dans lesquels je viens
d'entrer indiquent suffisamment qu'ici c'est, non
plus la Cour d'assises, mais le jury, qui doit vérifier
l'existence des circonstances sans lesquelles l'infraction
sur laquelle il est interrogé n'existe pas. Ces circonstances ne sont pas, à la vérité, une portion
intégrante de l'infraction; mais elles y sont inhérentes,
bien qu'elles aient dû ou pu la précéder. Leur
négation, à la différence d'une précédente espèce,
entraînera non l'*absolution*, mais l'*acquittement*.
(Cassat., 30 janvier 1824 ; S., 24-1-226 ; Cassat.,
23 juin 1832 ; Dev. et Car., 32-1-855 ; Cassat., 20
mars 1846 ; Dev. et Car., 46-1-584.)

85. Un agent est accusé de viol sur la personne de

son enfant : sa qualité de père est une circonstance aggravante. La dénégation de cette qualité, offrît-elle une difficulté sérieuse, la Cour ne pourra pas accorder de délai pour faire juger la question par la juridiction civile. L'accusé n'est pas défendeur en exception. Alors qui résoudra la question de filiation ? Le jury ; c'est ce qui résulte de la combinaison des art. 332 et 333 du Code pénal avec les art. 337 et 338 du Code d'instruction criminelle. (Cass., 25 mars 1843 ; Dev. et Car., 43-1-530.—Cass., 23 mars 1844. —Demolombe, t. 5, n° 276 *ter*.—Faustin-Hélie, *Instruction criminelle*, t. 3, p. 244 et 245.—Voir aussi, sur une question analogue, Cass., 19 septembre 1839 ; *Bulletin criminel*, n° 301.) Il s'agit d'un élément de culpabilité qui ne peut être soustrait à l'appréciation des juges du fait.

86. Un agent est traduit devant la Cour d'assises, sous l'inculpation du crime de bigamie : il soutient que le mariage, au préjudice duquel on lui reproche d'avoir contracté un mariage nouveau, est inficié d'une nullité qu'il a le droit d'opposer. Si cette nullité existe, ne fût-elle pas absolue, ne fût-elle que relative, pourvu qu'elle ne soit pas établie seulement dans l'intérêt d'un tiers et qu'aucune fin de non-recevoir ne la repousse, elle est exclusive de la culpabilité (art. 340 du Code pénal); la connaissance de cette exception ne saurait être renvoyée devant la juridiction civile : d'une part, la juridiction répressive n'est pas incompétente pour statuer sur l'existence et la validité d'un mariage (art. 198 du Code Napoléon);

d'autre part, les motifs qui ont dicté les art. 182 du Code forestier et 59 de la loi du 15 avril 1829 ne sont pas applicables. Il ne s'agit plus d'un de ces crimes qui n'intéressent pas la société d'une manière directe, d'un de ces crimes qui ne lèsent que des intérêts dont les particuliers ont la disposition. Ce n'est que dans les matières où pourrait s'appliquer le brocard : *Judiciis quasi contrahimus,* que la juridiction répressive consent à prendre droit par la décision de la juridiction civile.

Vainement objecte-t-on l'art. 189 du Code Napoléon : « Si les nouveaux époux opposent la nullité du « premier mariage, la validité ou la nullité de ce ma- « riage doit être jugée préalablement. »

L'article 189 ne doit pas être isolé de l'article 188 : « L'époux au préjudice duquel a été contracté un se- « cond mariage, peut en demander la nullité du vi- « vant même de l'époux qui était engagé avec lui. »

Ces dispositions sont très-faciles à expliquer : quand il y a une véritable revendication d'époux, la première chose à faire est de vérifier la qualité du revendiquant ; mais, devant la justice répressive, la qualité du poursuivant étant hors de controverse, il ne s'agit que de statuer sur l'existence du crime de bigamie, c'est-à-dire, sur l'existence d'un crime qui suppose, comme condition essentielle, un mariage valable dont le mariage subséquent serait la violation, et, partant, on ne saurait séparer l'examen de cette condition de la question de culpabilité. Il y aurait danger à transporter l'art. 189 du Code Napoléon, dont l'art. 188

détermine la portée, dans une matière pour laquelle il n'a pas été fait.

MM. Delamarre et Le Poitvin reconnaissent eux-mêmes cette vérité : « De ce que l'art. 189 du Code « civil impose aux nouveaux époux l'obligation de « faire juger préalablement la nullité ou la validité « *de leur mariage*[1], il ne s'ensuit pas *nécessairement* « que le ministère public soit soumis à la même « obligation. Le législateur civil n'a pas plus entendu « régler en 1803 les affaires criminelles qui seraient « réglées en 1810, que les affaires commerciales qui « devaient l'être en 1807. Ce n'était pas sa mission. »

MM. Delamarre et Le Poitvin professent une théorie contraire à la nôtre, mais ils n'attachent pas plus d'importance que nous à l'art. 189 du Code Napoléon.

Je ne saurais me rallier à la théorie de la Cour de cassation, qui défère à la juridiction civile l'appréciation du premier mariage, et laisse seulement à la juridiction répressive le soin d'examiner si le nouveau mariage, cessant l'existence du premier, serait valable. C'est vouloir scinder, sans motifs de texte, sans motifs de raison, une question de culpabilité qui appelle un juge unique (Voir, dans mon sens, M. Bonnier, *Des Preuves*, n° 157. — M. Duvergier, *sur Toullier*, t. 9, n° 152. — M. Demolombe, t. 5, p. 254.—*Contrà*, note du 5 novembre 1813 ; Cass., 16 janvier 1826 ; Dalloz, 1826-1-217. — Mangin, t. 1ᵉʳ, n° 194. — *Théorie du Code pénal*, t. 1ᵉʳ,

---

[1] Il faut évidemment lire : *du premier mariage.*

p. 289. — Le Sellyer, t. 4, n° 1525. — G. Delisle, *Traité de l'interprétation juridique*, t. 2, p. 263).

La validité du premier mariage étant une des conditions du crime de bigamie, sur l'existence duquel le jury est interrogé, ce n'est pas à la Cour, mais aux juges du fait qu'il appartient d'en connaître. Qu'importe qu'on dise que le jury n'est pas toujours apte à résoudre des questions qui se compliquent de difficultés juridiques ? L'objection, indépendamment de ce qu'elle n'a pas de valeur légale, oublie que tous les jours les jurés ont à apprécier des questions tout aussi ardues, notamment en matière de tentative ou en matière de faux.

Sans doute, la qualification des faits appartient à la Cour d'assises ; mais l'appréciation des éléments constitutifs du fait, qui est du ressort exclusif du jury, soulève souvent des points de droit (Voir Cassation, 11 janvier 1838 ; Cass., 1er octobre 1834 ; Dev. et Car., 39-1-54 ; 34-1-767. —Rapprocher ces arrêts des arrêts du 30 juin 1831 et 1er octobre 1846 ; Dev. et Car., 31-1-348 ; 47-1-48. Voir aussi un article de M. de Préfeln, sur la séparation des pouvoirs du jury et de la Cour d'assises, *Revue de législation*, t. 1er, p. 291.)

87. Si la question d'état s'élève, non pas incidemment à la question de culpabilité, mais incidemment à une question de procédure, lorsque, par exemple, un témoin est reproché à raison de ses liaisons de parenté avec l'accusé, c'est la Cour d'assises qui doit statuer : le jury n'a pas à s'immiscer dans la direction du

débat (Cassat., 23 mars 1844 ; *Bulletin criminel*, n° 116).

88. Jusqu'ici j'ai toujours supposé que les questions de droit civil à résoudre pour purger une poursuite criminelle, étaient soulevées pour la première fois devant le juge répressif.

Mais l'œuvre des juridictions de répression peut être préparée par les juridictions d'instruction. Les Cours d'assises ne sont saisies qu'après décision des chambre du conseil et chambre des mises en accusation. Il en est autrement des tribunaux correctionnels et des tribunaux de police : les prévenus peuvent être traduits directement devant eux. Toutefois, des ordonnances, soit des chambres du conseil, soit même des chambres des mises en accusation, auxquelles les ordonnances des chambres du conseil ont été soumises, saisissent souvent les juges répressifs de la connaissance de faits qualifiés délits ou contraventions.

Des exceptions préjudicielles dans les termes des art. 182 du Code forestier et 59 de la loi du 15 avril 1829, ont-elles été présentées devant les juridictions d'instruction ? M. Mangin, dans son *Traité de l'Instruction écrite*, pense que l'appréciation de ces exceptions est soustraite à la compétence des chambres d'accusation et des chambres du conseil. Il cite en ce sens des arrêts de la Cour de cassation, cassant : 1° un arrêt qui avait renvoyé préalablement le prévenu devant une Cour d'assises pour y faire juger son identité, afin d'être à même de décider s'il se trouvait, ou non, en état de récidive ; 2° un arrêt qui avait sursis à prononcer sur la prévention et la compétence, jusqu'à ce que la Cour d'assises eût jugé l'affaire dans laquelle le faux témoignage était intervenu ; 3° un arrêt qui avait sursis à prononcer sur une prévention de banqueroute frauduleuse, jusqu'à ce que le tribunal de commerce eût statué sur l'état de faillite du prévenu. La cassation, dans les deux derniers cas au moins, n'implique pas la doctrine qui, suivant M. Mangin, résulterait de la jurisprudence. L'arrêt en matière de faux témoignage a pu être cassé, parce qu'il était une violation des art. 315, 330 et 445 du Code d'instruction criminelle, aux termes desquels l'accusation de faux témoignage doit recevoir jugement avant que l'affaire dans laquelle le faux témoignage a été porté, soit elle-même soumise aux débats. (Cassat., 20 décembre 1845 ; Devill. et Car., 46-1-265.) L'arrêt en matière de banqueroute devait être cassé, parce que les juridictions répressives ne relèvent pas de la juridiction consulaire. Quant à l'arrêt sur la question de récidive, cette question ne devant exercer aucune influence sur la compétence, on comprend qu'elle dût être immédiatement réglée. Une décision qui accueille une question préjudicielle, préjuge nécessairement le fond du procès, dit M. Mangin : elle ne peut donc être rendue que sur des débats contradictoires, en audience publique. Ne peut-on pas répondre que les décisions qui déclarent qu'il n'y a pas lieu à suivre font bien plus que préjuger le fond ? elles le jugent, en l'état au moins, au profit de l'inculpé qu'elles garantissent contre l'action publique, tant qu'il ne surgira pas de nouvelles charges. Pourquoi donc les juridictions d'instruction ne pourraient-elles pas reconnaître que le jugement de l'action publique étant subordonné à une question de droit réel immobilier, il y a lieu d'accorder un délai à l'inculpé pour faire juger cette question ?—M. Mangin reconnaît bien que les juridictions d'instruction peuvent statuer sur une cause d'extinction ou de suspension de l'action publique.

Le problème que se pose M. Mangin pour les exceptions préjudicielles à l'action, je me le pose donc tout à la fois, et pour ces exceptions, et pour les exceptions préjudicielles au jugement.

89. Point de difficulté, si les exceptions préjudicielles ont été accueillies; en effet, lorsque ces exceptions seront justifiées devant les juridictions civiles, les juridictions répressives ne seront pas saisies. Que si le délai imparti n'a pas été mis à profit, on suivra la disposition finale des articles précités, c'est-à-dire, qu'il pourra être donné suite à l'action publique, sauf à surseoir à l'exécution du jugement sous le rapport de l'emprisonnement, et à faire verser le montant des amendes, restitutions et dommages-intérêts, à la caisse des dépôts et consignations, pour être remis à qui il sera ordonné par le tribunal chargé de statuer sur le fond du droit.

Les juridictions d'instruction ont rejeté les exceptions préjudicielles. — Ces exceptions pourront-elles être reproduites devant le juge répressif ? Oui, le tribunal de police, le tribunal correctionnel, et même la Cour d'assises, en leur qualité de juridictions de jugement, ne peuvent être liés par les décisions des juridictions d'instruction. Il est, en effet, de l'essence de ces décisions de n'être rendues qu'à titre provisoire et en l'état. Le moyen qui n'a pas fait surseoir à la mise en prévention ou à la mise en accusation, peut prendre de la consistance et nécessiter un sursis au jugement.

Si les décisions des juridictions d'instruction ne lient pas le juge du fond, quand elles ont pour objet de véritables exceptions préjudicielles, déduites d'un droit réel immobilier qui serait exclusif de l'infraction, à plus forte raison n'ont-elles pas d'autorité devant la juridiction de jugement, quand elles repoussent d'autres moyens de droit civil relatifs à la recevabilité ou au fondement de l'action publique.

90. M. Faustin-Hélie propose une distinction : « Si « le rejet des exceptions proposées par le prévenu « n'a été fondé que sur l'appréciation des charges « existantes dans l'instruction écrite, les juges saisis « par le renvoi ne seront pas liés par cette décision, « lorsque les débats, modifiant ces premières charges, « lui enlèvent sa base. C'est ainsi qu'il a été reconnu « que l'arrêt de la chambre d'accusation, qui rejette « l'exception de prescription et renvoie l'accusé de- « vant la Cour d'assises, ne s'oppose pas à ce que « cette Cour statue de nouveau sur cette question, « lorsque le rejet est motivé sur ce qu'il n'existe au-

« tun procès-verbal qui serve de point de départ à la
« prescription, et que la Cour d'assises constate, au
« contraire, l'existence d'un tel procès-verbal. En
« effet, dès que le juge saisi n'est pas lié par les dé-
« clarations relatives aux faits incriminés, il est clair
« que, s'il modifie ces déclarations, toutes les déci-
« sions qui y avaient puisé leurs éléments doivent
« s'écrouler avec elles. Il serait contradictoire, par
« exemple, si la chambre d'accusation n'a déclaré que
« la poursuite n'était point éteinte par la chose jugée,
« qu'en se fondant sur ce que les faits sont essentiel-
« lement différents, de maintenir cette décision si le
« juge du fond reconnaît, d'après les débats, que les
« faits sont exactement identiques. Il serait contra-
« dictoire, quand la chambre d'accusation a décidé
« que le prévenu a pu être poursuivi sans autorisa-
« tion, parce que le fait qui lui est imputé n'est pas
« relatif à ses fonctions, de conserver à cet arrêt son
« autorité, quand il est ultérieurement reconnu que le
« prévenu a commis le fait en sa qualité d'agent
« du gouvernement. Le droit d'apprécier les faits
« emporte nécessairement celui de déduire de ces
« faits, tels que cet examen les a établis, toutes
« leurs conséquences légales. » (*Théorie du Code
d'instruction criminelle,* t. 6, p. 609 et 610.)

91. L'éminent jurisconsulte n'applique pas nommé-
ment cette distinction aux exceptions préjudicielles
des art. 182 du Code forestier et 59 de la loi du
15 avril 1829, et aux moyens de défense déduits
d'une question d'état ou d'une autre question de

droit civil. Sa solution, par ses motifs, comporte cependant cette extension, qui est au reste formellement admise par un arrêt de la Cour de cassation, du 20 novembre 1828, et par M. Mangin, *de l'Action publique*, n° 198 : cet auteur cite le texte de l'arrêt.— *Contrà*, Carnot, n° 17, *Observations préliminaires sur la Prescription.*—Bourguignon, *sous l'art.* 637, n° 5.—Le Sellyer, n° 2208.—Dans son *Traité de l'Instruction écrite*, n° 134, M. Mangin distingue entre les ordonnances de la chambre du conseil et les arrêts de la chambre des mises en accusation; il n'attribue qu'aux arrêts de la chambre d'accusation l'autorité de la chose jugée sur les fins de non-recevoir qu'elles ont rejetées. J'hésiterais beaucoup à admettre cette opinion pour les questions d'amnistie, de prescription, d'autorité de chose jugée, et il me paraît absolument impossible de l'accueillir, par exemple, quand il s'agit de savoir si un accusé de crime de banqueroute frauduleuse est ou n'est pas un commerçant failli, si un accusé de crime de bigamie était ou n'était pas dans les liens d'un premier mariage quand il en a contracté un second. Est-ce que le jury peut être appelé à proclamer autre chose que l'expression de sa conviction? Et ce qui est vrai du jury n'est-il pas vrai des tribunaux de police simple et correctionnelle? M. Faustin-Hélie lui-même professe que les ordonnances des chambres du conseil et les arrêts de renvoi, n'enchaînent pas les juridictions que ces décisions saisissent sur la question de compétence : il professe ce système, et ce serait aussi le nôtre, même en ce qui concerne les Cours d'assises ; enfin il combat avec beaucoup de puissance la doctrine contraire de la Cour de cassation. Mais si les juridictions d'instruction ne font pas la loi pour la compétence, comment pourraient-elles la faire sur des éléments du fond ?

Bientôt je dirai que les décisions des juridictions d'instruction n'ont pas, sur les intérêts civils des parties, l'autorité qu'ont les décisions des juridictions de jugement, et je serai sur ce point d'accord avec tous les criminalistes. Cette solution, que j'énonce ici, que je développerai plus loin, n'est-elle pas une conséquence de ce principe : que les décisions d'instruction n'ont pas un caractère définitif, au moins contre les tiers et contre l'accusé, et qu'elles réservent tous les droits, notamment le droit de défense ?

Je ne distinguerais même pas entre l'autorité des arrêts de la chambre des mises en accusation, contre lesquels un pourvoi a été vainement tenté, et les arrêts contre lesquels il n'y a pas eu de pourvoi, parce que la Cour de cassation, en ce qui concerne les premiers, n'a pas pu leur donner sur le fond une portée qu'ils n'avaient pas : l'expiration du délai pour se pourvoir donne à la décision non attaquée la même force que le rejet du pourvoi [1].

---

[1] *Contrà*, sur les questions de compétence, M. Faustin-Hélie, *Théorie du Code d'instruction criminelle,* t. 6, p. 590 et 591.

CHAPITRE TROISIÈME.

INFLUENCE DE LA CHOSE JUGÉE AU CRIMINEL SUR LES QUESTIONS
DE DROIT CIVIL, QUE L'ACTION PUBLIQUE SOULÈVE.

Dans quels cas et à quelles conditions la chose jugée au criminel a-t-elle
influence sur les intérêts civils?

92. Conséquences de la compétence des juridictions répressives pour statuer, accessoirement à l'action publique,
sur les questions de droit civil que cette action soulève.
— Controverse de M. Merlin et de M. Toullier.
93. Question mal posée.
94. L'art. 1351 n'est pas applicable dans les relations de la
juridiction répressive avec la juridiction civile.
95. Articles du Code Napoléon, du Code de procédure civile,
du Code d'instruction criminelle et du Code de commerce, qui supposent l'autorité du jugement criminel
sur les intérêts civils.
96. Hypothèse de l'art. 727 du Code Napoléon.
97. Argument des art. 327 du Code Napoléon et des art. 182
et 59 des lois forestière et fluviale.
98. Théorie de MM. Zachariæ et Marcadé.

99. Une condamnation pour parricide établit-elle nécessairement la filiation du condamné ?

100. Une condamnation pour bigamie implique-t-elle la validité du premier mariage et la nullité du second mariage ? — Réfutation de Zachariæ et distinctions.

101. Appréciation de la distinction de la Cour de cassation entre les nullités absolues et les nullités relatives dont est vicié le premier mariage.

102. Les nullités relatives du premier mariage, lorsqu'elles ne sont établies qu'en faveur des tiers, peuvent-elles être invoquées par l'inculpé et le protéger contre l'accusation de bigamie ?

103. Quelle est l'influence sur le second mariage de la condamnation du bigame ?

104. L'arrêt de la Cour d'assises qui prononce une condamnation pour bigamie peut-il déclarer la nullité du second mariage hors la présence du second conjoint ?

105. Quelle est l'influence du verdict négatif du crime de bigamie, soit sur le premier, soit sur le second mariage ?

106. Quelle est l'influence de la condamnation pour faux sur les intérêts civils ? — Rapprochement des art. 463 du Code d'instruction criminelle et 241 du Code de procédure civile.

107. Quelle est l'influence au civil de l'acquittement de l'accusé d'un crime de faux ?

108. L'agent, condamné pour enlèvement ou pour viol, peut-il remettre en question devant la juridiction civile le fait d'enlèvement ?

109. La responsabilité civile n'est pas toujours subordonnée à toutes les conditions de la responsabilité pénale. — Conséquences.

110. L'art. 443 du Code d'instruction criminelle, qui suppose qu'une nouvelle poursuite pour le même fait est recevable contre un nouvel accusé, dont la culpabilité

---

92. S'il est admis que les juridictions répressives sont compétentes pour statuer accessoirement à l'ac-

tion publique, et pour la purger, sur toutes les questions que cette action soulève, à la seule condition qu'elles soient de la compétence judiciaire, il convient d'examiner quelle sera l'autorité de leurs décisions sur des questions de droit civil.

Ce problème est l'un des plus controversés de la science ; les arrêts et les dissertations dont il a été l'objet ne se comptent plus ; interprètes du Code Napoléon, interprètes du Code de procédure, interprètes du Code pénal et du Code d'instruction criminelle, tous l'ont traité ; le grand débat entre M. Merlin[1] et M. Toullier[2], sur l'influence au civil de la chose jugée au criminel, s'est perpétué.

Si MM. Mangin[3], Boncenne[4], Le Seyller[5], Valette[6], Bonnier[7], Rodière[8], Zachariæ[9], Marcadé[10], Demante[11], Dalloz aîné[12], Sourdat[13], ont adopté la thèse

[1] *Répert.*, v° *Chose jugée*, § 15, et v^is *Non bis in idem*, n°s 15 et 16.

[2] T. 8, p. 30 et suiv., et t. 10, p. 240 et suiv.

[3] *De l'Action publique*, t. 2, p. 400 à 445.

[4] T. 4, p. 44 à 55.

[5] T. 6, du n° 2492 au n° 2497.

[6] Valette, *sur Proudhon*, t. 2, p. 106, n° 2.

[7] *Procédure civile*, t. 2, p. 186 et suiv., n°s 1018 et suiv.

[8] *Procédure criminelle*, p. 21 à 25.

[9] T. 5, p. 792 à 799.

[10] *Sur l'art.* 1351, n°s 15 et 16 ; *Revue critique*, 1851, p. 658 à 651.

[11] *Cours analytique*, t. 2. p. 14 et 15, n° 9 *bis*.

[12] *Nouveau répert.*, v^is *Chose jugée*, ch. 5, n° 531.

[13] *De la Responsabilité civile*, t. 1er, n°s 349 à 369.

de M. Merlin ; MM. Carré et Chauveau [1], Boitard [2],
Faustin-Hélie [3], Colmet d'Aage [4], et Armand Dalloz [5],
défendent la thèse de M. Toullier. Malgré la vivacité
de la lutte et l'incontestable valeur des jurisconsultes
qui l'ont soutenue, le terrain de la discussion a été
longtemps embarrassé d'éléments qui ne devaient pas
y figurer.

93. MM. Zachariæ et Marcadé sont les premiers
qui aient réduit la difficulté à ses véritables propor-
tions. Pour mon compte, je serai sur ce point très-
bref, parce que je n'aime guère les redites, et qu'il
me semble que tout ce qu'il y a de fondamental pour
clore une controverse trop longue, a été dit dans ces
derniers temps.

94. Je me bornerai, dans une discussion qui se rattache si étroitement à la matière des questions et exceptions préjudicielles qu'elle en peut paraître comme
le complément obligé, à mettre en relief les arguments
qui sont pour moi les arguments décisifs, et à présenter quelques applications pratiques de la théorie
que j'adopte.

Tous s'accordent à reconnaître que la chose jugée
au criminel est opposable à ceux qui ont été parties
dans l'instance ; ce qui est contesté, c'est qu'elle fasse

---

[1] T. 2, p. 445, question 943.
[2] *Leçons de Droit criminel* (Gust. de Sinaye), p. 271 et suiv.
[3] T. 3, 774 à 790.
[4] *Leçons sur le Code de procédure civile*, p. 64 et s., n° 73.
[5] *Nouveau Répert.*, v^{is} *Chose jugée*, n° 531, *in fine*.

la loi des intérêts privés qui n'ont pas eu de représentants directs, spéciaux dans le procès.

Pour savoir si, comme le soutient M. Merlin, et, comme le nie M. Toullier, *le criminel emporte le civil*, on a longtemps uniquement débattu le point de savoir si l'art. 1351 du Code Napoléon était applicable, c'est-à-dire, si la triple condition d'identité : 1° de cause ; 2° d'objet ; 3° de personnes, se réalisait, et le pour et le contre ont rallié des champions. Dans ces termes, le problème cesserait pour moi d'être un problème. Je n'hésiterais pas à rejeter l'opinion à laquelle M. Merlin a conquis tant de convictions et de crédit. Il est certain que l'identité d'objet manque essentiellement. L'action publique a réclamé l'application de la peine, dans un intérêt général ; l'action privée réclame, dans un intérêt individuel, la consécration d'un droit individuel, une protection contre la lésion de ce droit ou au moins une réparation pécuniaire. Ce qu'il faut dire, ce qu'ont dit MM. Zachariæ et Marcadé, c'est que l'art 1351 est étranger aux rapports de l'action criminelle et de l'action civile ; il ne règle qu'une chose, les caractères auxquels se reconnaît une action civile qui tend à faire revivre, pour le tout ou pour partie, une action civile déjà proscrite.

La règle applicable entre les juridictions civiles entre elles, pouvait-elle être raisonnablement appliquée, dans les relations de la juridiction répressive, avec la juridiction civile ? Chacune de ces deux juridictions a une sphère et des conditions d'action trop différentes, pour que l'art. 1351 puisse les gouverner. L'intérêt général doit primer, dominer l'intérêt privé : voilà pourquoi l'action publique mise en mouvement suspend l'action privée qui s'est isolée d'elle, et s'est adressée à la juridiction civile ; l'action publique redoute les préjugés qui pourraient gêner son indépendance (art. 3 du Code d'instruction criminelle). Par la même raison d'indépendance, l'action publique défère à son juge tous les éléments, toutes les conditions de l'incrimination. Le juge répressif a la plénitude de juridiction, parce que cette étendue de pouvoir est la meilleure garantie de sa liberté d'appréciation. S'il en est ainsi, est-il possible que les éléments vérifiés, et vérifiés compétemment, par suite de l'action publique, soient exposés à l'épreuve d'une autre vérification, au contrôle et aux démentis des juridictions civiles ? Ne serait-ce pas ébranler la foi que la loi réclame pour les jugements insusceptibles de recours, la foi qu'elle impose, cette foi qui, en matière répressive surtout, est un impérieux besoin ? Bien mieux eût valu vraiment ne pas suspendre l'action civile, quand elle a pris les devants, que de la frapper momentanément d'inertie pour lui réserver le dernier mot.

Pourquoi doter les juridictions criminelles d'une priorité qui exposerait leurs décisions, de la part de juridictions d'un autre ordre, à des contredits qui troubleraient la sécurité sociale, alarmeraient la conscience publique ? La prédominance apparente de l'action publique masquerait une véritable infériorité, si les résultats de cette action ne liaient pas les intérêts civils.

Ce que la société a fait juger, est jugé à l'encontre et au profit de tous ses membres. Ce qui est la vérité pour elle, ne saurait être l'expression d'une méprise, un mensonge pour tels ou tels individus.—Elle a organisé des conditions pour garantir le triomphe de l'innocence et le châtiment du crime. Les garanties qu'elle a créées et qui lui suffisent, doivent suffire aux intérêts privés. Ces garanties n'ont besoin, vis-à-vis de qui que ce soit, de la confirmation ou même d'un supplément de garantie résultant d'une intervention individuelle, qui le plus souvent, d'ailleurs, aura eu la faculté de se produire ; mais l'autorité des résultats de l'action publique doit être restreinte strictement dans les limites de la vérification constatée : le juge civil sera incompétent pour vérifier ce qui aura été vérifié par le juge répressif, à savoir : s'il y a eu condamnation, l'existence du fait, son caractère criminel et le lien qui y unit l'agent, en un mot, toutes les conditions de l'application de la peine. Le juge ne pourra rien décider qui soit inconciliable avec tout cela. Si l'accusé a été acquitté par le jury, l'acquittement n'étant nécessairement ni la négation du fait, ni la négation du lien qui y unit l'agent, mais impliquant seulement la négation d'une volonté coupable, le juge civil sera seulement dans l'impuissance de rien décider qui implique l'existence d'une culpabilité à laquelle la société ne doit point croire.—Il lui sera loisible de vérifier la matérialité du fait, de l'imputer à l'accusé acquitté et d'en déduire contre lui des conséquences de responsabilité civile, mais à la condition que cette responsabilité puisse exister sans la criminalité de l'acte.

L'acquittement émane-t-il d'un tribunal de police ou d'un tribunal correctionnel? La sentence étant motivée, le juge civil sera lié par toutes les négations qui serviront de base au rejet de l'action publique. Vainement objecterait-on que les motifs d'une décision n'acquièrent pas l'autorité de la chose jugée. — En effet, les motifs qui servent de base au dispositif du jugement, qui en sont le principe générateur, se lient à lui comme la cause à l'effet et ne peuvent en être séparés [1]. Ils sont, ainsi que l'a très-bien dit un jurisconsulte dont M. de Savigny adopte et développe la doctrine, une portion intégrante du jugement, l'âme de la sentence, l'explication de la pensée du juge.

95. Les articles 198 et 235 du Code Napoléon, 214 du Code de procédure civile et 465 du Code d'instruction criminelle, ne supposent-ils pas cette influence décisive du jugement criminel sur les intérêts civils? Les art. 510 et 595 du Code de commerce, en matière de banqueroute frauduleuse, ne conduisent-ils pas à la même conclusion?

96. Aux termes de l'art. 727 du Code Napoléon :

---

[1] Equidem rationes decidendi virtualiter sententiæ inesse creduntur, cùm contineant fundamenta, quibus judex motus, sententiam eo quo factum est modo tulit, adeòque eamdem vim cum ipsâ sententiâ habere videntur, utpotè cujus anima et quasi nervus sunt. —Böhmer cité par M. de Savigny, *Cours de Droit romain,* t. 6 de la traduction de Guenoux, p. 395.

« Sont indignes de succéder et, comme tels, exclus
« des successions, 1° celui qui *serait condamné* pour
« avoir donné ou tenté de donner la mort au défunt.»

Ce texte n'implique-t-il pas l'idée que le fait, soit
du meurtre, soit de la tentative de meurtre, reconnu
par le juge répressif, ne pourrait être remis en question devant la juridiction civile? Sans doute le juge
civil pourra et devra examiner si le fait, avec les
caractères que lui attribue le jugement criminel,
emporte ou n'emporte pas l'indignité; mais il n'aura
pas le droit de contester le fait, base de la condamnation. Je ne dis pas, avec la Cour de Bordeaux, que
l'indignité et l'incapacité de succéder sont, en ce cas,
la conséquence directe de l'arrêt devenu souverain,
qu'elles ont lieu de plein droit, sans qu'il soit besoin
de les faire prononcer par les tribunaux civils. A mon
sens, le juge civil pourrait, par exemple, examiner
si le meurtre déclaré excusable entraînerait ou n'entraînerait pas l'indignité. Lié, quant à la constatation
du fait, il conserverait toute sa liberté pour en apprécier les conséquences civiles [1].

97. La preuve que l'art. 1351 ne régit pas les rapports de l'action publique et de l'action privée, c'est
que dans les cas exceptionnels où celle-ci est préjudicielle à celle-là, dans l'hypothèse de l'art. 327, en
matière de suppression d'état, dans les hypothèses des

---

[1] Voir arrêt de Bordeaux, 1er décembre 1853; Devil. et
Car., 1854-2-225. — Voir aussi la remarquable note de
M. Devilleneuve sur cet arrêt.

art. 182 et 59 des lois forestière et fluviale, le jugement civil qui rejette ou admet la revendication d'état,
reconnaît ou nie l'existence du droit réel immobilier,
dont le prévenu se prévaut, fait la loi des juridictions répressives, est opposable à la société, quoique
la société n'y ait pas été représentée, n'ait pas au
moins joué le rôle de partie.—Pourquoi le jugement
de l'action publique, quand (et c'est le droit commun)
cette action est préjudicielle à l'action privée, qui ne
se joint point à elle, n'aurait-il pas, indépendamment
de l'accomplissement des trois conditions de l'article 1351, la portée qu'a le jugement civil dans l'hypothèse inverse [1] ?

98. MM. Zachariæ et Marcadé se gardent de faire
une distinction entre les jugements criminels, favo-
rables aux inculpés et les jugements défavorables ;
ils ne proposent pas de leur faire subir le poids de
ceux-ci et de leur enlever la protection de ceux-là.
Ce serait, comme on l'a dit, une théorie inique que
celle qui défendrait de chercher, dans l'arrêt qui
innocente, un bouclier pour se défendre, quand
l'arrêt qui condamne serait une arme irrésistible pour
attaquer. (*Contrà*, Rodière, *Procédure criminelle*,
n° 22.) — Ces auteurs n'ont pas proposé surtout de
distinguer pour les jugements de condamnation entre
le condamné et les tiers : ils n'ont pas dit, ils ne

[1] Voir, pour le développement de cette dernière idée, Merlin, *Questions de Droit*, v° *Faux*, § 6, p. 157 et 158 de la
quatrième édition.

pouvaient pas dire que les faits déclarés constants par la condamnation, auraient au profit de tous, à l'encontre du condamné, un caractère de vérité absolue et inattaquable; mais qu'au profit du condamné, ils n'auraient pas ces caractères, et pourraient être remis en question s'ils étaient invoqués par lui. — L'iniquité, cette fois, serait monstrueuse. — La seule distinction qu'ils recommandent, c'est la distinction entre ce qui est réellement et nécessairement jugé par la juridiction répressive et ce qui n'est pas jugé par elle. Ils ne laissent dans le domaine de l'appréciation du juge civil, que les éléments sur lesquels cette appréciation ne saurait heurter le jugement criminel et se mettre en contradiction avec lui.

99. Cependant, et on en a fait la remarque, M. Zachariæ professe qu'une condamnation pour parricide n'établit pas nécessairement la filiation du condamné.

Cette solution est très-conciliable avec la théorie du savant jurisconsulte ; il suffit, pour s'en convaincre, de lire l'art. 299 du Code pénal :

« Est qualifié parricide, le meurtre des père ou « mère *légitimes, naturels ou adoptifs*, ou de tout « autre ascendant légitime. »

La jurisprudence a même admis que l'enfant adultérin qui tue son père, commet un parricide. (Cassat., 7 janvier 1813.)—Je n'ai pas à me prononcer sur le mérite de cette décision que critiquent MM. Faustin-Hélie et Chauveau : ce que je constate seulement, c'est que la condamnation pour parricide n'implique qu'un rapport de descendance entre le meurtrier et sa victime ; c'est qu'elle n'implique pas, nécessairement au moins, l'existence de la légitimité ou de l'illégitimité du lien, qu'elle peut laisser en dehors sa véritable nature, et que, par conséquent, elle est réputée avoir apprécié la filiation, sous des rapports autres que ceux sous lesquels ils doivent être envisagés par les juridictions civiles chargées d'examiner si ces rapports sont la source de droits ou d'obligations. (Voir M. G. Delisle, *Traité de l'Interprétation juridique*, t. 2, p. 257. Le savant auteur professe la même solution que moi, mais il la fonde sur la théorie absolue que le juge répressif ne résout les questions d'état que dans les rapports de la pénalité. Voir aussi Rauter, t. 2, n° 666.)

Pourquoi le juge civil ne pourrait-il vérifier, sur une question civile, la qualité soit de fils légitime, soit d'enfant naturel légalement reconnu, invoquée par le meurtrier condamné comme parricide, ou opposée à ce meurtrier ? Remarquez que le jury ne motive pas son verdict, et que, d'ailleurs, le caractère de la parenté directe n'est pas un des éléments de l'incrimination sur laquelle il est appelé à statuer, puisque le lien naturel suffit au moins au premier degré pour entraîner le châtiment.

100. Il est vrai que M. Zachariæ professe également qu'une condamnation pour bigamie n'établit ni la validité du premier mariage, ni la nullité du second mariage. (*Sic*, Rauter ; *ibid*, n° 666.)

Cette solution est-elle en harmonie avec la théorie

de l'auteur ?—Je ne le crois pas. Mais M. Zachariæ ne suppose pas pour cela que la condamnation a plus d'autorité civile contre le bigame que pour lui.—Ce qu'il conteste, c'est l'influence civile de la condamnation sur les deux mariages.

A mon sens, la condamnation du bigame implique que le premier mariage est valable vis-à-vis de lui, c'est-à-dire, qu'il n'est inficié d'aucune nullité absolue, ni d'aucune nullité relative qu'il soit encore recevable à opposer.—Il faut, aux termes de l'art. 340 du Code pénal, *être engagé dans les liens d'un mariage*, pour commettre un crime, en contractant un nouveau mariage. — La nullité de la première union écarterait donc toute idée de criminalité.—Le premier mariage est donc valable, puisque le second constitue un crime. —Mais est-il jugé valable vis-à-vis de l'époux de ce premier mariage, si cet époux n'a pas été partie dans l'instance ?—Oui et non.—Oui, en tant qu'il s'agit de nullités dont le condamné était recevable à se prévaloir, en tant qu'il s'agit de nullités absolues, de nullités dont l'accusé eût pu se faire une égide contre l'accusation.—Non, s'il s'agit de nullités propres à l'époux du condamné.—Je suppose, par exemple, que le premier mariage eût été imposé par violence, qu'il n'y eût pas eu de consentement de la part du premier époux du condamné, et qu'il n'y eût pas eu de cohabitation continue pendant six mois, dans les termes de l'art. 181 du Code Napoléon.—Bien évidemment la condamnation n'élèverait aucun obstacle contre l'époux dont le consentement n'aurait pas été libre.

Ce que je dis du défaut de liberté du premier époux du bigame, je le dis du défaut de consentement des père et mère, des ascendants ou du conseil de famille de cet époux, dans les cas où ce consentement était nécessaire. — Les personnes dont le consentement était requis, si elles sont encore dans le délai utile, pourront, elles, nonobstant la condamnation, demander la nullité du mariage.— L'arrêt de la Cour d'assises implique seulement que le condamné était, lui, lié, mais nullement que son conjoint fût lié à lui ; mais l'arrêt de la Cour d'assises empêchera tous les intéressés de venir soutenir devant la juridiction civile, à quelque point de vue que ce puisse être, que le lien du premier mariage n'existait pas pour le condamné au moment où le second mariage a été contracté, parce que ce soutien serait incompatible avec l'autorité de la condamnation.

101. Les développements dans lesquels je viens d'entrer établissent assez que je repousse la distinction de la Cour de cassation entre les nullités absolues et les nullités relatives dont peut être vicié le premier mariage. Je ne crois pas qu'il faille dire qu'aucune nullité relative n'est exclusive du crime de bigamie : lorsque l'accusé est recevable à opposer une nullité de nature à l'affranchir du premier lien, cette nullité, ne fût-elle que relative, sa soumission à un autre lien ne saurait constituer un crime.

102. M. Merlin a péremptoirement réfuté[1] la théorie

---

[1] *Répertoire,* v° *Bigamie,* n° 2.

de la Cour de cassation sur ce point ; mais M. Merlin n'a pas dit que les nullités relatives du premier mariage, lorsqu'elles ne sont établies qu'en faveur des tiers, peuvent être invoquées par l'inculpé et le protéger contre l'accusation de bigamie. Puisque l'accusé n'aurait pas qualité pour se prévaloir de ces nullités devant la juridiction civile, comment pourrait-il s'en prévaloir devant le juge répressif? Mais, au moins, ne devrait-on pas l'autoriser à appeler dans l'instance criminelle les personnes qui ont qualité pour opposer ces nullités, afin de les mettre en demeure de les invoquer ou de les abandonner? Si ces personnes refusent d'agir, la nullité sera couverte, et, dès lors, plus d'obstacle à la condamnation du bigame. Pourquoi s'exposer à condamner, pour bigamie, un agent contre lequel plus tard, peut-être, des tiers feront prononcer l'annulation du premier mariage? Est-ce que cette annulation ne rétroagirait pas? L'annulation du premier mariage, quoique proclamée dans l'intérêt des tiers, n'exclurait-elle pas la poursuite si elle l'avait précédée? Ne validerait-elle pas le second mariage? Comment refuser à l'inculpé le moyen de faire constater sa véritable situation?

Ces objections ont beaucoup de puissance. Toutefois, n'est-il pas difficile d'admettre que l'accusé ait le droit de provoquer les tiers, d'aller au devant de leur action et de les forcer à la soumettre à la juridiction répressive? La nullité, après tout, c'est une arme contre lui. Serait-il bien raisonnable de lui permettre de se saisir de cette arme pour s'en faire un moyen de défense ? Il a imposé la première union par violence ; ou bien, il a privé son conjoint des garanties qu'il eût trouvées dans le *veto* de la famille : comment des circonstances qui aggravent sa culpabilité morale et sociale deviendraient-elles pour lui une protection ? Qu'il argumente des nullités fondées sur son intérêt et des nullités fondées sur un intérêt social, rien de mieux ! Mais les nullités qui n'existent qu'au profit des tiers et qui sont une sorte de sanction pénale contre lui, comment pourrait-il s'en couvrir pour écarter des sanctions pénales plus rigoureuses ? S'il était lié, et il l'était envers son conjoint, la société n'avait-elle pas le droit, je dis plus, le devoir, de lui interdire, sous les peines du crime, de contracter un second lien ? Les nullités auxquelles il ferait appel, les tiers y auraient peut-être renoncé, si le second mariage n'était venu confirmer les appréhensions que le premier avait inspirées.

L'annulation obtenue en vertu de nullités personnelles aux tiers, dût-elle nécessairement exclure l'exercice de l'action publique pour bigamie, question qui n'est pas sans difficulté, en résulterait-il que l'accusé a qualité pour contraindre les intéressés à prendre immédiatement parti sur le sort du mariage ?

103. Reste à examiner l'influence de l'arrêt sur le second mariage. Sans doute il n'implique pas que ce mariage soit valable d'une manière absolue, puisque la validité du premier mariage entraîne la nullité du second (188, Code Napoléon). — Oui ; mais si le

second mariage, indépendamment de ce vice qui constitue la criminalité, avait d'autres vices qui lui enlevassent le caractère d'un mariage légal, il n'y aurait pas bigamie, puisqu'il n'y aurait pas coexistence de deux mariages. (Voir Le Sellyer, t. 4, p. 314 et 315, à la note, qui réfute très-bien l'opinion contraire de MM. Chauveau et Hélie.)

104. La condamnation juge donc vis-à-vis de tous, *contre le condamné et au profit du condamné,* que le second mariage n'est pas inficié de nullités absolues, ni même de nullités qu'il ait qualité pour opposer.

Doit-on conclure de là que le second mariage survive à l'arrêt, et qu'il faille que la nullité en soit prononcée sur la demande du ministère public, conformément aux art. 184 et 190 du Code Napoléon contradictoirement avec le second époux du condamné et avec les enfants, s'il en est né de cette union ?—La Cour de cassation a décidé l'affirmative dans un arrêt du 30 mai 1846 (Dev. et Car., 46-1-717). Elle a cassé un arrêt de Cour d'assises qui, en appliquant la peine au bigame, avait prononcé la nullité du second mariage, hors la présence du second conjoint, et ordonné que cette disposition serait transcrite sur les registres de l'état civil. — Sans doute, la nullité du second mariage n'est pas un des éléments d'incrimination de la bigamie, puisque cette incrimination exclut, au contraire, les nullités autres que celles qui résultent d'un double lien ; mais la nullité résultant de la violation de l'art. 147 du Code Napoléon est une nullité absolue : elle peut être opposée non-seulement par le premier époux du bigame, mais par son second époux, par le ministère public, et aussi, suivant moi, par le bigame lui-même. — La nullité est donc subordonnée à la validité du premier mariage, et la validité de ce premier mariage, vis-à-vis du condamné, est impliquée par l'arrêt de condamnation.—Pourquoi donc cette conséquence de la culpabilité reconnue par le jury, ne serait-elle pas proclamée par la Cour d'assises, comme une dépendance du verdict qui est pour tous la vérité sociale? — Est-ce que le décès du premier époux validerait, *ex post facto*, le second mariage? Est-ce qu'il ne s'agit pas d'un vice qu'aucune ratification ne peut couvrir, que le temps ne peut effacer (Demolombe, t. 3, p. 314) ? Pourquoi donc imposer une procédure frustratoire, la validité du premier mariage ne pouvant être remise en question?

Vainement objecterait-on que des tiers, le premier époux du bigame, les ascendants de cet époux, pourraient être recevables encore à faire valoir, contre le premier mariage, des nullités établies dans leur intérêt et que l'annulation de ce premier mariage validerait le second. Cette éventualité ne serait pas opposable, devant la juridiction civile, au nouvel époux qui ne saurait être obligé à attendre que le premier conjoint ait pris un parti sur le sort d'une union déclarée valable, au moins vis-à-vis du bigame. Donc cette éventualité ne suffit pas pour paralyser les conséquences légales de la condamnation pour bigamie.

105. Le verdict négatif d'un crime de bigamie

n'implique, lui, ni la nullité du premier, ni la nullité du second mariage : il peut être dû à la conviction que l'accusé était de bonne foi, qu'il croyait la première union dissoute, quand il en contractait une seconde.

106. La condamnation pour faux fera la loi devant la juridiction civile, non-seulement contre le condamné, mais contre les tiers qui n'auront pas été parties à l'arrêt.

Vainement on objecte qu'aux termes de l'art. 463 du Code d'instruction criminelle, la Cour ou le tribunal qui a connu du faux, n'a que le droit d'ordonner que les actes seront *rétablis, rayés ou réformés,* et encore parce que du tout il doit être dressé procès-verbal, tandis que l'art. 241 du Code de procédure suppose qu'en statuant sur l'inscription de faux, le tribunal peut ordonner. *la suppression, la lacération ou la radiation,* en tout ou en partie, des pièces déclarées fausses, sans parler de la nécessité d'un procès-verbal.

Pourquoi, dit-on, cette différence de rédaction ? — N'est-ce pas parce que, dans les cas de l'art. 463 du Code d'instruction criminelle, toutes les parties intéressées aux actes ne sont pas présentes, et que, par conséquent, l'arrêt qui a déclaré les actes faux, ne saurait leur être opposé ; qu'au contraire, dans le cas de l'art. 241 du Code de procédure, les parties intéressées sont dans l'instance, que le faux est déclaré contradictoirement avec elles, et que, par suite, elles ne pourraient, sous aucun rapport, se prévaloir des actes reconnus faux ?—L'objection a le tort d'attacher beaucoup trop d'importance à la différence des mots. L'expression de *radiation* n'a-t-elle pas tout autant de portée que les expressions de *suppression* et de *lacération ?*—D'ailleurs, l'art. 463 du Code d'instruction criminelle, n'étend pas le pouvoir de la Cour d'assises, et ne l'autorise pas plus à ordonner la suppression et la lacération dans le cas où les intéressés se sont constitués parties civiles, que dans le cas où ils n'ont pas figuré dans l'instance. Enfin, l'art. 241 qui, d'après l'objection, donne au tribunal, sur la pièce déclarée fausse, un pouvoir de destruction et d'anéantissement bien plus étendu que celui confié à la Cour d'assises, ne serait pas, ainsi compris, susceptible de se justifier ; car, de ce que le débat devant la juridiction civile est contradictoire, il ne résulte pas que tous les intéressés y soient représentés et y prennent part.

L'arrêt de la Cour de cassation du 28 décembre 1849, qui est cité comme contraire à notre opinion, casse un arrêt de la Cour d'assises qui avait refusé d'ordonner la radiation d'un acte déclaré faux, sous le prétexte que ceux au profit desquels l'acte avait été souscrit, ne se trouvaient pas parties au procès criminel. Il est vrai que cet arrêt énonce dans ses motifs que la radiation n'a pas pour résultat de détruire ou d'anéantir l'existence matérielle des actes authentiques déclarés faux, mais qu'il a pour effet de les frapper d'un signe de réprobation qui avertisse de leur fausseté et leur enlève leur caractère obligatoire en faveur du condamné, sauf, est-il ajouté, *aux tiers qui n'ont pas été parties au procès cri-minel dans lequel les actes authentiques ont été déclarés faux, à faire valoir leurs droits, s'il y a lieu, devant les tribunaux compétents.* (Dev. et Car., 50-1-408.)

S'IL Y A LIEU : donc, la Cour de cassation ne juge pas que les tiers pourront, devant la juridiction civile, présenter, comme l'expression de la vérité, ce que la juridiction répressive aura déclaré faux ; elle réserve tout au plus cette controverse, dont elle n'avait pas à s'occuper, parce qu'il s'agissait uniquement de savoir si la Cour d'assises avait eu tort de ne pas ordonner la radiation que le ministère public requérait. — Les actes déclarés faux doivent être matériellement conservés, parce que, malgré leur fausseté, ils peuvent être la base de réclamations civiles, dont la condamnation des faussaires n'implique ni le rejet ni l'admission.

107. L'acquittement de l'accusé d'un crime de faux n'impliquera en général que l'innocence de l'agent, sans rien juger ni préjuger sur la vérité de la pièce. (Voir Cassation, 27 mars 1855 ; Devil. et Car., 55-1-598.)

108. Je pourrais multiplier les espèces : je ne veux plus en discuter qu'une. — Aux termes de l'art. 340 du Code Napoléon, *dans le cas d'enlèvement, lorsque l'époque de cet enlèvement se rapporte à celle de la conception, le ravisseur peut, sur la demande des parties intéressées, être déclaré père de l'enfant.*— Si le ravisseur a été condamné pour enlèvement ou

pour viol, est-ce que le fait d'enlèvement pourra être remis en question devant la juridiction civile ? Non, ces juridictions examineront seulement si la recherche de la paternité, recherche dont la condamnation prouve la recevabilité, est fondée, c'est-à-dire, justifie la paternité (V. M. Demante, *Cours analytique*, t. 2, n° 69).—L'acquittement de l'accusé, dans ce cas, n'écarterait pas l'application de l'art. 340 du Code Napoléon, par la raison que l'application de cet article n'est pas subordonnée à la condition que le fait de l'enlèvement constitue un crime ou un délit, d'après la loi pénale. — C'est ainsi que très-souvent l'art. 1382 sera applicable et qu'une responsabilité, à titre de quasi-délit, pourra être appliquée là où la juridiction répressive aura nié l'existence d'un délit. (Cour de Paris, 24 mars 1855 ; Devil. et Car., 55-2-391.— Cour de Liége, 15 novembre 1854 ; Dalloz, *R. périodique*, 55-2-248.)

109. Les art. 358 et 366 du Code d'instruction criminelle autorisent la Cour d'assises à prononcer des dommages-intérêts contre l'accusé, même en cas d'acquittement. La loi reconnaît donc que la responsabilité civile n'est pas subordonnée à toutes les conditions de la responsabilité pénale, et qu'un fait à l'abri de la répression peut astreindre son auteur à des réparations pécuniaires. Ce que les Cours d'assises peuvent faire, il est bien évident que les tribunaux civils peuvent aussi le faire, lorsque après l'acquittement, l'action privée leur est soumise ; eux seuls même peuvent le faire, quand il s'agit d'actes à raison desquels l'action publique a été rejetée par les tribunaux de police simple ou correctionnelle, puisque ces tribunaux ne peuvent accorder aux parties lésées de dommages-intérêts qu'autant qu'ils constatent l'existence d'une infraction punissable. (Voir Cassation, 27 juin 1827; 20 juin 1846; 12 janvier 1852; Sirey, 27-1-463; Devil. et Car., 46-1-713; 52-1-113.)

Ce qu'il faut bien remarquer, c'est que la juridiction saisie de la demande en dommages-intérêts n'a la liberté de l'accueillir qu'à la condition de respecter l'autorité de l'acquittement; elle ne saurait, par exemple, imprimer à la cause du préjudice aucun caractère de criminalité. (Cassat., 24 juillet 1841 ; Devil et Car., 41-1-791.)

110. Il y a, toutefois, une considération spécieuse contre cette théorie : la foi de la société dans les condamnations prononcées en son nom n'empêche pas de poursuivre pour le même fait un nouvel accusé dont la culpabilité impliquerait l'innocence de l'agent déjà condamné. — L'art. 443 du Code d'instruction criminelle suppose qu'une nouvelle poursuite est recevable, puisqu'il décide que, si le nouvel arrêt est inconciliable avec le précédent, il y aura lieu à révision. — M. Merlin a merveilleusement bien réfuté cet argument : il a montré toute la différence qui existe entre le cas où deux procès criminels sont intentés successivement sur le même fait, contre des personnes différentes, et le cas où, pour le même fait, deux procès, dont l'un est criminel et l'autre civil,

sont intentés par ou contre des personnes différentes, à la suite l'un de l'autre.

« Dans le premier cas, le jugement, qui intervient
« sur le premier des deux procès, n'a et ne peut avoir
« aucune influence sur le jugement du second, parce
« que celui-ci n'a pas dû nécessairement être pré-
« cédé par celui-là, ou, en d'autres termes, parce
« que celui-là n'est point préjudiciel à celui-ci : et
« c'est ce qui explique pourquoi le jugement qui, sur
« l'accusation portée contre Pierre, d'avoir empoi-
« sonné Jean, déclare qu'il n'y a point eu d'empoi-
« sonnement, ne fait nul obstacle à ce que Paul soit
« ensuite recherché, accusé et condamné comme cou-
« pable du même crime ; c'est ce qui explique pour-
« quoi, quand même Pierre aurait été condamné
« comme coupable d'avoir empoisonné Jean, Paul
« pourrait être ensuite condamné comme coupable
« et seul coupable de cet empoisonnement.

« Mais, dans ce second cas, la loi veut que le juge-
« ment du procès criminel précède le jugement du
« procès civil ; et, par cela seul, elle veut que le fait
« qui forme la cause commune des deux procès, ne
« puisse plus être remis en question dans le procès
« civil, après que l'existence ou la non-existence en
« a été constatée dans le procès criminel. Cela est
« évident, et nous venons de le démontrer, dans le
« cas où c'est par l'accusé condamné dans le procès
« criminel, que le procès civil est ensuite intenté
« contre un tiers ; et sous quel prétexte en serait-il
« autrement, dans le cas où c'est par un tiers que le

« procès civil est intenté contre un autre tiers? »
(Merlin, *Questions de Droit*, v° *Faux*, § 6, n° 8,
p. 166 de la quatrième édition.)

111. L'autorité que je revendique pour la décision
du juge répressif, sur les questions civiles, ne devrait
guère rencontrer d'objections de la part des nombreux théoriciens qui professent que la prescription
de l'action publique anéantit l'action civile. Est-ce
que le jugement criminel n'a pas plus de puissance
que la présomption d'innocence, que l'on veut à
tort attacher à la prescription de l'action publique ?
A mon sens, l'action civile survit à la prescription
de l'action publique, en ce sens qu'elle peut faire
valoir tous les moyens qui n'impliquent pas la criminalité de l'agent auquel elle s'adresse.

La chose jugée n'a-t-elle pas droit, tout au moins,
à autant de respect qu'une prescription qui ne repose
que sur l'idée, qu'après un certain laps de temps,
la criminalité est impossible à vérifier [1] ?

112. Les principes sur lesquels repose la théorie
que je viens d'exposer, ont été récemment mis en lumière dans un remarquable arrêt de la chambre civile
de la Cour de cassation, rendu sous la présidence de
M. le premier président Troplong, et sur les conclusions conformes de M. Nicias-Gaillard :

« Attendu, que la disposition du Code d'instruction
« criminelle, qui suspend l'exercice de l'action civile
« devant le juge civil, tant qu'il n'a pas été prononcé

---

[1] Voir mes *Leçons de Législation criminelle*, p. 113 à 130.

« définitivement sur l'action publique, attribue ainsi
« à l'action publique un caractère essentiellement
« préjudiciel ; que, dès lors, le jugement intervenu
« sur cette action, même en l'absence de la partie
« privée, a nécessairement, envers et contre tous,
« l'autorité de la chose jugée, quand il affirme ou nie
« clairement l'existence du fait qui est la base com-
« mune de l'une et de l'autre action, ou la participa-
« tion du prévenu à ce fait ; qu'en effet, le ministère
« public, agissant dans l'intérêt général de la société,
« représente, à ce titre, la personne lésée, sinon en
« ce qui concerne les dommages-intérêts ou répara-
« tions qui sont l'objet de l'action civile, du moins
« en ce qui concerne la recherche ou la constatation
« du fait qui donne simultanément naissance aux
« deux actions ; — que, lorsque la justice répressive
« a prononcé, il ne saurait être permis au juge civil
« de méconnaître l'autorité de ses souveraines décla-
« rations ou de n'en faire aucun compte ; que l'ordre
« social aurait à souffrir d'un antagonisme qui, en
« vue seulement d'un intérêt privé, aurait pour ré-
« sultat d'ébranler la foi due aux arrêts de la justice
« criminelle, et de remettre en question l'innocence
« du condamné qu'elle aurait reconnu coupable, ou la
« responsabilité du prévenu qu'elle aurait déclaré
« n'être pas l'auteur du fait imputé ;—Attendu, dès
« lors, que la chose jugée au criminel, soit sur l'exis-
« tence ou la non-existence du fait générateur des
« deux actions, soit sur la participation ou la non-
« participation du prévenu à ce fait, a une influence

« souveraine sur le sort de l'action civile ; que la
« déclaration de culpabilité du prévenu devenant
« ainsi pour l'action civile, poursuivie ensuite, un
« titre irréfragable qui ne permet pas au condamné
« de contester le fait qui a engagé sa responsabilité,
« il faut, par une nécessaire et juste réciprocité, que
« l'affirmation de l'innocence absolue du prévenu
« par la justice répressive, soit aussi pour lui un
« titre irréfragable contre les prétentions contraires
« de la partie civile ; que l'action civile ne conserve
« son indépendance vis-à-vis du prévenu acquitté,
« que dans les cas où la déclaration de non-culpa-
« bilité n'exclut pas nécessairement l'idée d'un fait
« dont le prévenu ait à répondre envers la partie
« civile, en telle sorte que la recherche ou la preuve
« de ce fait ne puisse pas aboutir à une contradiction
« entre ce qui a été jugé au criminel et ce qui serait
« jugé ensuite au civil. » (Devil. et Car., 55-1-439.
— Rapprocher de cet arrêt, un arrêt du 3 août 1853,
de la Chambre des requêtes ; Devil. et Car., 55-1-427.)

113. Pour nier l'autorité de la chose jugée au criminel sur les intérêts civils, un criminaliste, M. Rauter,
a demandé des arguments au droit romain. Il a prétendu que la question était résolue dans le sens de sa
théorie, notamment par la loi unique au Code :
Quando civilis actio criminali prœjudicet. Cette loi
est cependant absolument étrangère à la difficulté
que j'examine.

Elle ne décide qu'une chose, c'est que, lorsque
l'action civile et l'action criminelle ont deux objets

distincts et peuvent aboutir à deux bénéfices différents, on peut, après avoir obtenu le résultat de l'une des actions, demander encore à obtenir le résultat de l'autre action. Mais cette loi ne dit pas que, si la réussite des deux actions est subordonnée à la même condition, la reconnaissance, sur l'action criminelle, que cette condition est inaccomplie, ne réagira pas sur l'action civile.

C'est ce que Brunnemann explique avec beaucoup de clarté, sur la loi dont se prévaut M. Rauter, en commentant incidemment la loi 16 au Code *ad Corneliam de Falsis*, invoquée également par le même auteur :

« Si ex eodem facto vel crimine descendunt duæ
« actiones, altera civilis, altera criminalis, tunc una
« non tollit alteram, et licet una actum sit, tamen
« adhùc alterâ agi potest, quod ex hâc lege, ex
« verbis *re familiari*, si modo tendant ad diversa,
« id est, si criminalis tendat ad vindictam, civilis
« verò ad persecutionem rei familiaris.

« Hoc exemplis aliquot declarat Imperator.

« Si quis dejectus est possessione fundi, potest
« priùs interdicto *undè vi* experiri ad recuperandam
« possessionem, et posteà ob *Vim publicam* ac-
« cusare, vel contrà, quia, illâ actione recuperat
« damnum rei familiaris, per hanc statuendum pe-
« titur exemplum ut alii deterreantur.—Sic si tes-
« tamentum in quo hæres institutus sum suppressisti,
« possum agere civiliter de *Tabulis exhibendis*, et
« criminaliter ex lege Corneliâ de *Falso.*—Sic si li-

« bertus meus se ingenuum dixerit, non tantùm
« agere possum civiliter ob *Operas* mihi debitas, sed
« etiam criminaliter ex lege *Viselliâ*.—Sic etiam de
« furto possum agere civiliter *in Duplum*, et finito
« civili judicio, criminaliter, et contrà.—Sic si ser-
« vum meum abduxisti, agam civiliter, servum meum
« vindicando, et criminaliter posteà ex lege *Flaviâ*.
« —Sic et de *Falso* licet agere civiliter, et finito hoc
« judicio, criminaliter, et contrà. Atque hæc exempla
« hìc tradita.

« Sed si actio civilis et criminalis ad idem tendunt,
« una extinguit aliam, verbi gratiâ, accusatio injuria-
« rum civilis et criminalis tendunt ad vindictam
« ambæ, neutra rem familiarem persequitur, hoc
« tantùm differunt quòd, illâ, pœnam actori, hâc,
« judici applicandam petimus. Ideoque una tollit al-
« teram. Sed actio injuriarum non tollit actionem
« legis Aquiliæ ; hæc rem familiarem, illa vindictam
« persequitur.

« Sed quæritur si maritus egerit primo ob adulte-
« rium ab uxore commissum, ad dotem sibi appli-
« candam, an posteà criminaliter ad fustigandam
« agere possit ? Videtur quod sic ob regulam hujus
« textus. Sed veriùs negatur, quia utraque ad vin-
« dictam tendit ; nàm et actio ad dotem spirat vin-
« dictam injuriæ marito ab uxore illatæ. »

Un autre criminaliste a invoqué en faveur de la
même thèse, la loi **23**, § **9**, au Digeste *ad legem
Aquiliam.*

Brunnemann a répondu, dans son commentaire sur cette loi :

« Ex uno facto datur actio et legis Aquiliæ et legis « Corneliæ, nec una alteram tollit (L. 23, § 9, Dig., « *ad legem Aquiliam*). Sed obstat l. 4, Dig., *de* « *publicis Judiciis*, ubi dicitur actione legis Aquiliæ, « præjudicium fieri publico : sed puto respondendum « esse fieri ità præjudicium, si succumbat in hoc ju- « dicio civili, ut repellatur à criminali, secùs si vin- « cat. » (Brunnemann, *in Digesta ad legem Aqui-* « *liam*, liv. 9, tit. 2, n°s 16 et 17, p. 440.)

Brunnemann suppose même que, si l'action civile a été rejetée, l'action criminelle sera inadmissible ; à plus forte raison déciderait-il que si l'action cri- minelle, d'adord adoptée, avait échoué, il n'y aurait plus lieu à l'action civile.

Au reste, et j'ai eu occasion de le dire dans mes observations préliminaires, p. xi et xii, sur des ques- tions de ce genre qui se lient aux lois de l'organisation judiciaire, à la compétence des diverses juridictions, à la mise en mouvement de l'action privée et de l'action criminelle, il y a beaucoup de danger à emprunter des solutions à une législation faite pour un pays et une époque dont les institutions sont absolument étrangères à nos institutions modernes.

114. Les décisions des Cours d'assises, des tribunaux correctionnels ou de police, en tant que ces juridic- tions statuent, comme substituées aux juridictions ordinaires, sur l'action privée des parties lésées ou sur les dommages-intérêts réclamés par les inculpés,

n'ont pas une autorité absolue ; elles sont régies par l'art. 1351 du Code Napoléon ; elles ne font loi qu'entre les personnes qui y ont figuré et leurs ayants-cause ; le juge répressif n'a point, en effet, plus de pouvoir que les tribunaux du droit commun, en ce qui concerne les intérêts civils, dont l'appréciation n'est pas nécessaire pour purger l'action publique. Aucune nécessité sociale ne commande de tenir pour inattaquable et d'opposer à tous des vérifications qui sont indépendantes de la vérification de la culpabilité.

115. Les décisions des Cours d'assises, des tribunaux correctionnels ou de police, sur des incidents de procédure, ne peuvent avoir, non plus, une autorité absolue. Ainsi, par exemple, aux termes de l'art. 322 du Code d'instruction criminelle, ne peuvent « être « reçues les dépositions : 1° du père, de la mère, de « l'aïeul, de l'aïeule ou de tout autre ascendant de « l'accusé, ou de l'un des accusés présents et soumis « au même débat ; 2° du fils, fille, petit-fils, petite-« fille ou de tout autre descendant ; 3° des frères et « sœurs ; 4° des alliés aux mêmes degrés ; 5° du mari « et de la femme, même après le divorce prononcé ; « 6° des dénonciateurs dont la dénonciation est ré-« compensée pécuniairement par la loi ; sans néan-« moins que l'audition des personnes ci-dessus dési-« gnées puisse opérer une nullité, lorsque, soit le « procureur général, soit la partie civile, soit les « accusés, ne se sont pas opposés à ce qu'elles soient « entendues. »

Supposons que l'accusé s'oppose à l'audition d'un témoin, en soutenant que ce témoin est l'enfant naturel de sa femme, la Cour d'assises sera compétente pour admettre ou rejeter cette opposition. (Cassation, 23 mars 1844 ; *Bulletin criminel*, n° 116.)

Cet arrêt ne résoudra pas la question d'état entre le témoin et la femme que l'accusé lui attribue pour mère. Il n'aura d'effet que sur l'admissibilité du témoignage dans l'instance criminelle. Qu'importe que, plus tard, un jugement, rendu avec toutes les garanties de la procédure devant les tribunaux civils, puisse contredire la solution qu'appelait l'incident? Est-ce que la foi sociale dans la condamnation ou dans l'acquittement sera, si cette éventualité se réalise, nécessairement ébranlée? Qu'importe que le conflit entre les deux jugements fasse naître une incertitude sur le point de savoir si le témoin écarté ou admis devait ou ne devait pas être entendu? Est-ce que le rejet ou la réception du témoignage a nécessairement été la cause du dénoûment de l'action répressive? Le soupçon sur l'existence d'une irrégularité à laquelle la loi attache si peu d'importance, qu'elle permet à l'accusé de la couvrir, alors même que cette irrégularité est prouvée, n'est pas de nature à infirmer l'autorité du jugement criminel.

La Cour d'assises a statué sur l'incident *summatim*. Il s'agissait pour elle de donner une satisfaction immédiate au besoin impérieux d'assurer le cours du débat ; cette décision rendue d'urgence et sans instruction préalable, sur une difficulté qui n'est ni un des éléments, ni une des conditions de l'incrimination, ne saurait être étendue au-delà de son véritable, de son unique objet .

116. Les ordonnances de la chambre du conseil et de la chambre des mises en accusation, portant qu'il n'y a lieu à suivre, et décidant positivement soit que le fait de la prévention n'existe pas, soit que le prévenu ne l'a pas commis, soit que le fait ne

---

[1] Le droit romain offre des exemples de jugements qui, à raison des circonstances au milieu desquelles ils ont été rendus, n'ont pas, sur toutes les solutions qu'ils impliquent, la portée juridique qu'ils devraient avoir d'après les principes généraux. « Si vel parens neget filium idcircoque alere se non debere contendat, vel filius neget parentem, summatim judices oportet super eâ re cognoscere ; et si constiterit, filium vel parentem esse, tunc ali jubebunt, cæterum si non constiterit, nec decernent alimenta.—Meminisse autem oportet et si pronuntiaverint ali oportere, attamen eam rem, præjudicium non facere veritati ; nec enim hoc pronuntiatur, *filium esse, sed ali debere.* Et itâ divus Marcus rescripsit.................... —Solent judices cognoscere et inter patronos et libertos, si de alendis his agantur. Itaque si negent, se esse libertos, cognoscere eos oportebit ; quod si libertos esse constiterit, tunc demùm decernere, ut alant. Nec tamen alimentorum decretum tollet liberto facultatem quominùs præjudicio certare possit, si libertus se neget. » (L. 5, §§ 8, 9, 18, Dig., *de Agnoscendis et alendis Liberis,* liv. 25, tit. 3.)

Voir aussi L. 10, *de his qui sui vel alieni juris sunt,* Dig., liv. 1, tit. 6 ; et, sur ces lois, M. de Savigny, *Traité de Droit romain,* traduction de Guenoux, t. 6, p. 443 et 444.

constitue pas une infraction punissable, n'ont aucune influence sur l'action civile.

Ces décisions, en effet, ne sont rendues qu'en l'état; elles n'ont aucun caractère définitif; elles doivent s'évanouir, s'il survient des charges nouvelles; elles peuvent sans doute provisoirement empêcher la partie lésée de mettre en mouvement l'action publique, mais elles ne sauraient faire échec au droit de saisir les juridictions de droit commun. C'est ce qu'au reste démontre très-bien M. Mangin, *de l'Action publique*, t. 2, n° 439. (Voir aussi Dalloz, *Nouveau Répertoire*, v° *Chose jugée*, chàp. 5, § 3, n° 590. — Sourdat, *de la Responsabilité*, t. 1er, p. 369. — Cass., 20 avril 1837 ; Cass., 17 juin 1841 ; Cour de Bordeaux, 9 février 1852 ; Devill. et Car., 37-1-590 ; 41-1-636 ; 52-2-232.)

117. En serait-il autrement, si la partie lésée s'était constituée partie civile devant les juridictions d'instruction ? Non évidemment. Qu'importe à la solution de la question la présence ou l'absence de la partie qui se prétend lésée ? On l'a très-bien dit : *Si les ordonnances des chambres du conseil, où les arrêts des chambres de mise en accusation, avaient le caractère définitif et d'irrévocabilité que la loi attache aux jugements et aux arrêts rendus après un débat en audience publique, ces ordonnances et ces arrêts des juridictions d'instruction auraient autorité sur l'action civile, que la partie lésée y fût intervenue ou non. S'ils n'ont pas cette influence, c'est uniquement parce qu'ils ne sont que provisoires, et la*

présence de la partie civile ne métamorphose pas ce caractère provisoire en caractère définitif. (Voir Dalloz, *Nouveau Répertoire, ibid,* n° 592. — Paris, 30 décembre 1836. — *Contrà,* Bruxelles, 29 octobre 1818. — M. Dalloz donne le texte de ces divers arrêts.)

118. Les ordonnances de la chambre du conseil et les arrêts de la chambre d'accusation ont-ils plus d'autorité sur les intérêts civils, lorsqu'ils déclarent l'action publique éteinte par la prescription ?—Non, alors même qu'il faudrait décider que l'action civile ne survit pas à la prescription de l'action publique. Sous les numéros 89, 90, 91 de cette étude, j'ai déduit les motifs qui justifient cette proposition.

Les décisions des juridictions d'instruction ne sont jamais que des décisions provisoires : elles ne sont rendues qu'en l'état, non-seulement sur l'existence des faits et sur leur caractère, mais encore sur les fins de non-recevoir résultant soit de la prescription, soit de l'amnistie, soit de la chose jugée, c'est-à-dire, sur des fins de non-recevoir dont l'admissibilité est subordonnée à des circonstances dont l'appréciation ne peut être faite définitivement que par les juridictions de jugement. MM. Dalloz (*Nouveau Répertoire,* vᶦˢ *Chose jugée,* n° 593) professent une doctrine contraire avec quelques restrictions assez peu précises,

119. M. Merlin (*Questions de Droit,* vᶦˢ *Réparation civile,* § 3) distingue entre l'hypothèse où le ministère public a figuré seul dans les poursuites, et l'hypothèse où la partie lésée était partie civile. Dans la première

hypothèse, la décision de la juridiction d'instruction sur le moyen de prescription est sans influence sur l'action civile, parce que, dit le savant jurisconsulte, la fiction de la loi qui répute représenté par le ministère public, dans un procès criminel, le particulier qui n'y a en rien figuré, quoiqu'il y eût intérêt, est limitée au cas où le jugement rendu sur l'action publique, décide positivement que le fait servant de base à cette action existe ou n'existe pas. Or, le jugement de mise hors de prévention qui a déclaré prescrit le fait imputé au prévenu, n'a prononcé ni sur l'existence, ni sur la non-existence du fait. Dans la seconde hypothèse, M. Merlin admet que la partie civile est liée par la déclaration que la prescription est acquise.

M. Le Sellyer (t. 6, n° 2498) et M. Sourdat (*De la Responsabilité*, t. 1er, n° 369, p. 292) adoptent cette distinction.

Cette question ne se présente pas pour ceux qui, avec moi, considèrent que la prescription des articles 637 et suivants du Code d'instruction criminelle n'est applicable qu'à l'action civile déférée aux juridictions criminelles accessoirement à l'action publique. Mais, au point de vue de la théorie contraire, la distinction proposée a-t-elle quelque fondement ? Non, si les décisions des juridictions d'instruction ne sont que provisoires ; si elles ne tranchent définitivement aucun point soit contre l'accusé, soit contre les tiers. La circonstance que la partie lésée était ou n'était pas représentée devant la chambre du conseil ou la chambre d'accusation, ne saurait modifier, véritablement dénaturer le caractère du jugement. La décision des juridictions d'instruction qui accueille un moyen de prescription, n'a rien de plus définitif et de plus irrévocable que la décision qui déclare qu'il n'y a lieu à suivre, par le motif que le fait imputé au prévenu n'est pas de nature à constituer un crime, un délit ou une contravention. Et cependant la découverte de circonstances, d'abord demeurées inconnues, peut appeler une nouvelle poursuite, en établissant que telle ou telle incrimination est applicable.

Les qualifications des ordonnances ou des arrêts de renvoi devant les juridictions de jugement ne lient pas ces juridictions : elles peuvent être aggravées. Pourquoi les ordonnances et les arrêts de non-lieu auraient-ils contre les tiers, soit sur la recevabilité de la poursuite, soit sur l'absence de tout caractère criminel, une autorité qu'ils n'ont pas, soit sur l'existence du fait, soit sur l'existence du lien qui attache l'agent à ce fait ?

120. Conclusion. —N'en est-il pas des objections contre l'influence du criminel sur le civil, comme des objections contre l'art. 327 du Code Napoléon ? Les inconvénients dont on se fait une arme contre notre théorie, ne résultent-ils point uniquement des exagérations de quelques interprètes ? Circonscrite dans ses véritables limites, l'autorité du juge répressif, sur les questions de droit civil que l'action publique soulève, ne répond-elle pas à un besoin social, à la nécesssité d'environner de respect et de protéger par une présomption inviolable de vérité absolue des décisions qui disposent de l'honneur, de la liberté, quelquefois de la vie des justiciables ?

TABLE.

—

CHAPITRE PREMIER.

EXCEPTION PRÉJUDICIELLE A L'EXERCICE DE L'ACTION PUBLIQUE.

Quels sont les crimes et délits qui ne peuvent être déférés *de plano* aux juridictions répressives, parce que les questions d'état qu'ils soulèvent, doivent être préalablement jugées par la juridiction civile ?

1. Principe de l'indépendance de l'action publique, son fondement.
2. Exception de l'art. 327 du Code Napoléon.
3. Motif assigné à cette exception.
4. Explication de M. Bigot-Préameneu et de M. Duveyrier.
5. Preuve historique de l'erreur de cette explication.
6. Véritable motif de l'art. 327.
7. Justification historique et rationnelle de ce motif.
8. Quels sont les crimes et les délits compris dans l'exception de l'art. 327 ?
9. Qu'est-ce que la suppression d'état ?
10. La suppression d'état est-elle l'objet d'une incrimination spéciale dans nos lois pénales ? *Quid* dans le Code pénal du 25 septembre 1791 ?
11. Correction malheureuse de la rédaction primitive de l'article 327 du Code Napoléon.

12. Ne faut-il pas distinguer, pour l'application de l'art. 327 du Code Napoléon, entre les crimes et délits qui *empêchent* et les crimes ou délits qui *détruisent* la preuve de l'état civil d'un enfant ?

13. L'infraction prévue par l'art. 347 du Code pénal implique-t-elle toujours une suppression d'état ?

14. Toutes les infractions prévues par l'art. 345 du Code pénal supposent-elles une suppression d'état ?

15. *Quid* notamment de l'enlèvement, du recélé d'enfant et de la supposition d'un enfant à une femme non accouchée ?

16. *Quid* de la suppression d'enfant ?

17. Le crime de suppression d'enfant est-il subordonné à la condition qu'il ait eu pour objet une suppression d'état ? — Rejet d'une solution de la *Théorie du Code pénal*.

18. La suppression d'un enfant légitime avant la constatation de son état civil, peut-elle être l'objet d'une poursuite criminelle avant le jugement définitif de la question d'état ?

19. La suppression d'un enfant mort-né tombe-t-elle sous l'application de l'art. 345 du Code pénal ? *Quid* de la suppression d'un enfant né en vie, mais mort au moment où il a été supprimé ?

20. La substitution d'un enfant à un autre implique-t-elle toujours l'existence d'une suppression d'état ?

21. L'exposition d'enfant constitue-t-elle toujours une suppression d'état ?

22. L'exposition d'un enfant légitime dont l'état civil n'a pas été constaté, tombe-t-elle toujours sous l'application de l'art. 345 du Code pénal ? — Rejet d'une solution de MM. Chauveau et Faustin-Hélie.

23. La soustraction, la destruction totale ou partielle des registres de l'état civil contenant les actes de naissance, peuvent-elles être poursuivies avant le jugement définitif qui statue sur l'état compromis par ces crimes ?

24. *Quid* de l'altération *ex post facto* d'un acte de naissance ?
— Controverses entre M. Demolombe et M. Demante.

25. *Quid* si la teneur de l'acte de naissance, présenté comme
altéré, était conforme à la possession d'état de l'enfant?
— L'art. 322 du Code Napoléon élèverait-il une fin de
non-recevoir contre l'inscription de faux?

26. Le faux, commis dans l'acte de naissance par l'officier de
l'état civil qui a dénaturé les déclarations, est-il soumis
à l'application de l'art. 327 du Code Napoléon ? — Rejet
d'une distinction proposée par M. Demante.

27. Même question. — Objection de l'art. 323.

28. Même question. — Arguments à écarter.

29. *Quid* si l'enfant avait une possession d'état conforme
aux constatations de l'officier de l'état civil? L'art. 322
du Code Napoléon fournirait-il une fin de non-recevoir
contre la poursuite? — Affinités de la question avec une
question traitée par M. Demante, par M. Demolombe
et par Zachariæ.

30. Les fausses déclarations, faites sciemment au préjudice
d'un enfant légitime par les témoins, constituent-elles
un crime, et, en cas d'affirmative, est-ce le crime prévu
par l'art. 345 du Code pénal, ou le crime prévu par
l'art. 147, § 4, du même Code ? — Rejet de la solution de la Cour de cassation ; appréciation des arguments de MM. Valette, Demolombe et Demante.

31. Continuation de la discussion.

32. Le faux résultant d'une fausse déclaration dans l'acte
de naissance d'un enfant protégé par la présomption de
légitimité, ne pourra-t-il être jamais poursuivi qu'après
décision de la juridiction civile?—Rejet des distinctions
proposées par M. Demante.

33. *Quid* si les énonciations, œuvre des déclarants, sont confirmées par la possession d'état? L'action publique ne
sera-t-elle pas repoussée par l'art. 322 du Code Napoléon
combiné avec l'art. 327 du même Code ?

CHAPITRE DEUXIÈME.

EXCEPTIONS PRÉJUDICIELLES AU JUGEMENT DE L'ACTION PUBLIQUE.

Quelle est la mesure de la compétence du juge répressif sur les questions de droit civil que soulève l'action publique ? — Dans quels cas peut-il ou doit-il surseoir jusqu'au jugement des juridictions civiles ?

73. *Quid* des questions d'état ?—Arrêt de la Cour de cassation du 14 octobre 1853.—Retour sur le caractère exceptionnel de l'article 327 du Code Napoléon.—Renvoi pour les développements.

74. *Quid* de la question d'identité d'un individu condamné, évadé et repris ?

75. Le principe des art. 182 du Code forestier et 59 de la loi du 15 avril 1829 est-il applicable aux Cours d'assises ?

76. Quelles sont les limites de l'application de ce principe par les Cours d'assises ?

77. Question de nationalité d'un agent accusé d'un crime commis à l'étranger au préjudice d'un français.

78. Est-ce la Cour d'assises ou le jury qui résoudra cette question d'état ?

79. Les questions, soit d'existence de la qualité commerciale, soit d'existence de la faillite, quand la faillite n'a pas été déclarée dans les termes de l'art. 440 du Code de commerce, doivent-elles, en cas d'accusation de banqueroute frauduleuse, être renvoyées à la juridiction consulaire? Si non, est-ce à la Cour d'assises ou au jury qu'il appartient de les résoudre ?

80. Solution radicale de MM. Delamarre et Le Poitvin, qui prévient cette difficulté. — Suspension, suivant eux, de l'action publique.

81. Réfutation de cette opinion.

82. Réfutation de l'opinion subsidiaire de MM. Delamarre et Le Poitvin.

83. Jurisprudence de la Cour de cassation sur l'art. 597 du Code de commerce.

84. C'est au jury, et non à la Cour d'assises, en cas d'accusation de banqueroute frauduleuse, à vérifier la qualité commerciale et le fait de la faillite.

85. En cas d'accusation de viol, à qui de vérifier la circonstance aggravante résultant de la qualité d'ascendant de la victime?

CHAPITRE TROISIÈME.

INFLUENCE DE LA CHOSE JUGÉE AU CRIMINEL SUR LES QUESTIONS DE DROIT CIVIL, QUE L'ACTION PUBLIQUE SOULÈVE.

Dans quels cas et à quelles conditions la chose jugée au criminel a-t-elle influence sur les intérêts civils ?

95. Articles du Code Napoléon, du Code de procédure civile, du Code d'instruction criminelle et du Code de commerce, qui supposent l'autorité du jugement criminel sur les intérêts civils.

96. Hypothèse de l'art. 727 du Code Napoléon.

97. Argument des art. 327 du Code Napoléon et des art. 182 et 59 des lois forestière et fluviale.

98. Théorie de MM. Zachariæ et Marcadé.

99. Une condamnation pour parricide établit-elle nécessairement la filiation du condamné ?

100. Une condamnation pour bigamie implique-t-elle la validité du premier mariage et la nullité du second mariage ? — Réfutation de Zachariæ et distinctions.

101. Appréciation de la distinction de la Cour de cassation entre les nullités absolues et les nullités relatives dont est vicié le premier mariage.

102. Les nullités relatives du premier mariage, lorsqu'elles ne sont établies qu'en faveur des tiers, peuvent-elles être invoquées par l'inculpé et le protéger contre l'accusation de bigamie ?

103. Quelle est l'influence sur le second mariage de la condamnation du bigame ?

104. L'arrêt de la Cour d'assises qui prononce une condamnation pour bigamie, peut-il déclarer la nullité du second mariage hors la présence du second conjoint ?

105. Quelle est l'influence du verdict négatif du crime de bigamie, soit sur le premier, soit sur le second mariage ?

106. Quelle est l'influence de la condamnation pour faux sur les intérêts civils ? — Rapprochement des art. 463 du Code d'instruction criminelle et 241 du Code de procédure civile.

107. Quelle est l'influence, au civil, de l'acquittement de l'accusé d'un crime de faux ?

606—Caen, imp. B. de Laporte.